JN438050

즐거운 한때

첫 저작품인 『자식을 부모의 팬으로 만들어라』가 베스트셀러에 오르고 나서

제2인생

▲ 부인 신정현 여사와 함께

30대에 석탑산업훈장을 수훈하던 날 ▶

▼ 2남 2녀의 단란한 가정

부인 : 신정현
이화여대 약대 약학과 졸업

장남 : 순구
서울대 경제학과 졸업
미국 하버드대 경제학박사
현 연세대 경제학과 교수

장녀 : 혜선
이화여대 교육심리학과 졸업
현 프로부모

차녀 : 지영
서울대 법대 법학과 졸업
동대학원 법학박사
뉴욕대 졸업 및 뉴욕주 변호사
현 아주대 로스쿨 교수

차남 : 준구
서울대 물리학과 졸업
동대학원 물리학석사
서울대 공대 전기공학부 박사
미국 듀크대 박사후 연구원
현 경북대 전자공학부 교수

執筆하는 저자

彫刻하는 저자 佛像 119位 造成

未堂 徐廷柱詩會賞을 수상하고 소감을 피력하는 저자

中里 한두현(韓斗鉉) 시인

■ 약력

• 1938년 서울 상왕십리 출생. 부친 별세로 강원 원주 부론 노숲 성장(돌 때부터)
• 초등학교 6학년 때 6.25발발 2년간 농업에 종사하느라 진학이 늦어짐
• 중학 3학년 때 학생회장으로 정의의 혁명심이 발동하여 전교생을 7일간 동맹휴학으로 이끌어 목적을 달성하였으나, 장기정학처분 및 수석졸업에 品行可를 받음
• 국립교통고등학교(국비) 졸업. 서울대학교 공과대학 졸업
• 35년간 섬유업계 종사, 상장회사 대표이사 사장 역임 후 자진 은퇴, 제3인생 시작
• 국가발전기여공로 석탑산업훈장 수훈
• 기술사, 발명가, 글지이, 조각가
• 문예사조 시 신인상 당선 문단 데뷔
• 문예사조문인협회 회원, 서울시낭송클럽 상임위원
• 한국문인협회 회원, 국제펜클럽 한국본부 회원

■ 수상(詩부문)

• 문예사조문학상 본상 수상
• 한국자유시인상 대상 수상
• 未堂徐廷柱시회상 수상

■ 시집

• 인연(제1시집)
• 인왕산(제2시집)
• 서원의 길(제3시집)
• 마중물(제4시집)
• 몽당연필(제5시집)
• 징검다리(제6시집)
• 태풍아(제7시집)
• 어느 여의사(제8시집)
• 몰록(제9시집)
• 호모사피엔스(제10시집)

■ 저서

• 자식을 부모의 팬으로 만들어라 〈자녀교육해법 124장〉 나남출판
• 자식에게 무엇을 가르쳐 세상에 내보낼 것인가 〈뿌리교육해법 124장〉 나남출판
• 자식을 우리의 옛 이야기로 길러라 1, 2 〈이야기 인성교육 620마당〉 나남출판
• 자식교육 이제는 프로부모의 시대다 〈전문부모의 길 74장〉 나남출판

■ 病歷

• 6.25때까지는 식욕부진 하복부복통 학질 등 잦은 병치레로 몸이 쇠약했음
• 고2초에 폐결핵 발병하여 대학졸업 때까지 6년간 치료를 받음
• 27세 때 극심한 식중독으로 사경을 헤매다 간신히 살아남
• 74세 때 패혈증으로 생존율 5% 상태까지 이르렀으나 기적적으로 깨어남
• 75세 때 패혈증 후유증으로 봉와직염 발병 발목뼈 염증으로 수술 후 지팡이 짚음
• 76세 때 가장 악독하다는 췌장암 발병으로 수술 후 간단한 항암치료를 했으나,
• 77세 때 간으로 이전되어 2개월밖에 못산다는 사형선고를 받고도 강력한 항암치료 24회(1년간)와 방사선溫熱치료로 현재 79세까지 살아 있음.

中里 韓斗鉉 全集 1

한두현 詩 전집

을지출판공사

한두현 詩전집 1 _ 차례

中里 韓斗鉉 全集 1

한두현 詩 전집

諷刺와 諧謔

차례

諷刺와 諧謔

제1부 시계불알

제3부 캐딜락의 눈

제 1 부

시계불알

인연(因緣)

장대비 쏟아지는 소리 요란하다
맑은 샘물에 떨어졌다고
낄낄낄 웃는 소리
오줌통에 떨어졌다고
엉엉엉 우는 소리

샘물에 떨어진 놈
사람 입 거쳐 오줌통에 떨어지고
오줌통에 떨어진 놈
과수원 소풍 가 사과즙 되는데
수만 번 겪고도 울고 웃는 빗방울이여!

악연과 선연이 올올이 짜여진 무지개 인생
어떤 이는 악연을 연료 삼아
선연의 쌀로 밥을 짓고
어떤 이는 악연을 가슴에 불태우며
생쌀을 씹고 있구나!

2005. 7. 5

황제(皇帝)

아프리카엔 검둥이 황제
유럽엔 흰둥이 황제
종묘엔 늙은이 황제
고아원엔 어린이 황제
지하도엔 거렁뱅이 황제

아무리 흔해도 그들은 큰 별의 주인공
육십억 인구보다 천만 배나 더 되는
백성을 거느린 나랏님
황제가 붕어하면
온 백성이 순장되는 충신의 나라

황제는 의외로 단순한 존재
자존심만 살려 주면 제국도 바치려 하지만
자존심을 건드리면 죽기 살기로 덤벼든다

자신이 황제인 줄 모르는 무지한 황제
상대가 황제인 줄 모르는 눈먼 황제
약하고 보잘것없어 보이는 띨띨이 황제

아무리 헛갈려도 황제는 황제

황제가 황제로서 대접받을 때
지구촌의 안녕은 시작되리!

2005. 6. 1

할미꽃이여!

언제 얻어 입은 옷이련가
빼얼건 속살 드러낸 채
수줍은 듯 납작 엎드린 무덤가
한 송이 할미꽃 외로이 피어 있다

누구를 그리도 간절히 기다리는가
먼동 트면 일어나 저녁 노을 질 때까지
가냘픈 허리 구부려
고불고불 서린 오솔길 내려다본다

어디서 그런 강인함 샘솟는가
호랑나비만 앉아도 부러질 듯한 그 허리로
세찬 비바람 몰아치는 날이면
이리저리 흔들리며 잘도 견디어 낸다

할미꽃이여!
찾아오지 않는 기다림 훨훨 떨쳐 버리고
깊은 산속 명승고찰 찾아가 도 닦으면
그대 근기로 성불인들 무에 어려우리.

2006. 6. 5

하루살이의 삶

하루살이가 군무를 즐긴다
내일의 태양을 삼켜 버린 채
오직 오늘의 태양만 사랑하며
태양과 함께 태어나
저녁노을 속에 사라져 간다

넓디넓은 허공이 집이라
경복궁도 부럽지 않고
한평생 먹지 않으니
불살생의 계율 지키며
청정한 삶 살아간다

교미하여 알 낳는 것으로
번식 의무 마치니
낳아 논 업보 가벼워
운수행각(雲水行脚) 나선 선승인 양
산천 두루 돌아보는 보살의 삶이구나.

2006. 4. 5

눈이 오는 까닭은

소독차가 지나갔나
뽀야안 시야 속에 눈보라가 몰아쳐
춥고 까칠한 세상을 뒤덮는다

눈은 해탈한 물의 화신인가
부패도 다툼도 꼬리 내리고
백살 넘은 소나무도 머리 숙인다

새하아얀 색으로 하나 이룬 중생
오는 봄 다시 태어나리라 다짐하지만
눈치 빠른 다람쥐는 벌써 쳇바퀴에 올라 있다.

2005. 12. 13

눈톱자국 말톱자국

걸어가는 발길에는 발자국
스쳐 가는 손길에는 손자국
바라보는 눈길에는 눈자국
뱉어 내는 말길에는 말자국
삶이란 다름 아닌 자국의 연속이어라

손이 날카로운 손톱자국을 내듯이
사나운 눈은 눈톱자국을 새기고
가시 돋친 말은 말톱자국을 남기는데
땅 위에 새겨진 발톱자국 비바람이 없애 주지만
마음 위에 상처 난 눈톱자국 말톱자국 지워 주는 이 없어라

시원한 나무그늘 아래 지그시 눈을 감고 앉아
어릴 적 추억을 되새김하는 저 하아얀 노인
할퀸 장본인들 사라진 지 오래건만
마음에 찍혀 있는 눈톱자국 말톱자국 떠올리며
지워질 줄 모르는 업장에 씁쓸히 미소 짓는구나.

2006. 9. 1

도토리 키 재기

아무것도 모르는 아이들이
아무것도 모르는 아이를 선장으로 뽑았다
아무것도 모른다는 핑계로
문제란 문제는 몽땅 당한 놈의 책임이다

배고픈 놈의 문제는
배고픈 놈에게 맡기고
뱃멀미하는 놈의 문제는
뱃멀미하는 놈에게 맡긴다
싸움박질하는 놈의 문제는
싸움박질하는 놈에게 맡기고
밀어닥쳐 올 태풍의 문제는
태풍 피해 볼 놈에게 맡긴다

그리고 허구한 날
도토리 키 재기 놀음에 빠져 든다
네 키가 크냐 내 키가 크냐
네 머리가 좋으냐 내 머리가 좋으냐
네 힘이 세냐 내 힘이 세냐
네 말발이 세냐 내 말발이 세냐

보다 못한 어른이 한 말씀 하자

머지않아 수장될 주제라고 핀잔한다
어른들이 하나 둘씩 자리를 뜬다
마음이 뜨고 몸도 뜨고

산 사람 만으론 직성이 안 풀렸음인지
땅속에 잠든 해골을 파낸다
살이라곤 눈을 씻고도 찾을 수 없는 해골의 사타구니에
제 물건을 꺼내 들고
네 물건이 크냐 내 물건이 크냐
하아얀 해골이 파아란 미소를 지으며
너도 한 번 당해 보렴!

2005. 8. 25

부모는 밥통 되어

박박 긁어먹힌 밥통이 긴 한숨을 내어 쉰다
발길에 차여 찌그러진 빈 밥통이 소리 죽여 흐느낀다
행여 밥충들이 남의 손가락질 받을까 저어하며

공짜로 퍼먹어도 괜찮은 밥통
먹고 또 먹어도 바닥나지 않을 줄 믿다가
바닥이 보이면 떠날 구실을 찾는 밥충이들

밥통 멀리 떠나 버리는 놈
발길로 차 깨어 버리는 놈
쓰레기통에 던져 버리는 놈

열 사발을 퍼먹고도 한 숟갈을
채우는 놈은 효충이라고 부른다
바닥을 내고도 차거나
버리지 않는 놈도 불효충은 아니라고 한다

아무리 똑똑하다는 밥통이라도
수난을 당하고 나서야 어렴풋이 깨닫는다
밥통을 비워서는 안 된다는 것을……

버림받고도 짝사랑하는 밥통을
누구도 비웃지는 못한다
밥통이 밥통 짓을 하는 것이니깐.

2005. 5. 8

닮아 가는 상(喪)가 표정

이리 부딪치고 저리 부딪친다
이 사람이 내리려나 저 사람이 내리려나
저기 저 뼈만 앙상한 저 하아얀 노인이야
검정옷 사내 흰옷 입은 여인 몰려선다

몸을 비비 꼬며 지루히 기다린다
이때나 내리려나 저 때나 내리려나
이윽고 비실비실 자리 뜨는 노인
검불 걷어 내듯 잽싸게 밀치고 앉는다

자리 뜬 노인 잘 내렸는지 어쩐지
어둠으로 사라지는 무심한 지하철 속
안도의 숨 길게 내뿜으며 편히 앉아
나오는 웃음 참느라 애쓰는 검정옷 흰옷 무리

얼마를 달렸나 기쁨도 편안도 잠시
어느덧 검정옷 흰옷 무리 즐비하게 늘어서
뚫어지게 바라보는 섬뜩한 눈빛눈빛
아직도 더 멀리멀리 가고 싶은데.

2006. 12. 18

삼각산(三角山) 시끄러운 개

고요한 깊은 산속 삼각산 삼성암
시도 때도 없이 사남 피던 개 한 마리
어찌나 시끄러이 짖어대는지
발길 돌린 지 어언 일 년이 넘어

오늘 우연히 들르니 너무너무 조용해
살금살금 개장을 지나치려는데
이게 웬일인가
개장도 사납던 개도 온데간데없네

몇몇 해 싱갱이 하던 터라
개 안부 궁금하련만
시끄러운 개 짖는 소리 사라져
절간 제 모습 찾은 것만 후련해

제 몸 위해서인지 주인 위해서인지
이제 짖은 이유 물어볼 수 없고
절 개 삼 년에 신도(信徒) 구별도 못한 가련한 개여!
내 주지 찾아 그대 안부 묻길 바라지 마라.

2006. 11. 27

유난히 스잔한 가을

창문 두드리는 빗줄기 소리에 놀란
섬돌 귀뚜라미 소리 사라들고
너무 강한 햇볕에 지친 잎새들
고운 옷은커녕 말라비틀어진 채
스잔히 흩날리는 이 가을

긴 대놈 가뭄에 물기 없이 목만 길게 뺀 코스모스
서로 부둥켜안고 신음하는데
아는지 모르는지 흰 국화밭쪽으로
새까아만 관용차 흙먼지 휘날리며
기세등등하게 잘도 달린다

보릿고개 훌쩍 넘겨준 파아란 군발에
목숨 걸고 싸움싸움하던 그들
붉은 고추잠자리 굴리는 눈망울에 홀렸나
매일 고개 마다 않아 다 찢겨진 빠알간 군발에
목을 매는 아이러니여!

어찌 알았을까? 고약한 핵 내음
기러기 떼 북녘 하늘 날기 주저하고
산천초목도 일제히 남쪽 향해 머리 두는데

배신의 군상들만
무엇이 그리 좋아 덩실덩실 춤을 추는가.

2006. 10. 23

공평한 비
—이번 선거는

가랑비
간간히 내렸다
그쳤다 한다

내릴 땐 우산 펼쳐 든 자 으스대고
그칠 땐 맨손으로 나온 자 으스댄다
한 치 앞은 볼 줄 안다고

가진 자 못 가진 자
모두모두 으쓱대게 할
공평한 선장 뽑았으면, 이번엔

선원들 수준 깔볼 수야 없지.

2007. 4. 3

용틀임의 홍송(紅松)

미끈한 몸매
줄기 가지에게 물려주기
헤아릴 수 없는 세월 흘러

그대
아름다운 덕 헛되지 않아
구불구불 멋진 붉은 용 되었네

뼈를 깎는
이만한 수행도 없이
용상(龍床)에 오르려 넘실대는 무리여!

들리지 않는가?
토룡(土龍) 신세 되어
안줏거리로 술청마다 넘쳐 나는 저 소리를.

2007. 4. 5

머리 숙인 북악산

인왕산 투덜투덜 머리털 다 빠질라
젖비린내 아이 떼쓰는 소리 그칠 줄 몰라
전세 잘못 들인 죄로 안절부절 북악산
잠시만 더 기다려 달라며 머리 숙인다.

2007. 8. 4

노안당(老安堂)* 툇마루에 앉아

쩌렁쩌렁
금위대장 나가신다
뺨 얻어맞고도 중용한 걸출한 인물의 사랑방

바른 임금[正祖] 쓰러지니
노가네* 일족 문 닫아 걸고 60년간 주인 행세
큰 기침 소리에도 무너질 듯 쇠약해진 터전

이리 뛰고 저리 뛰고
발버둥 친 이 댁 주인공
때는 너무 늦어 헛손질 헛수고 가여워라

노예도 모자라 잿더미 위에
피땀으로 이룩한 자랑스러운 우리나라
누가 감히 다시 위태로이 흔들어 대는가

노안당에 앉아
호통 치는 대원군의 음성
노가네 일족은 안돼 노가네 일족은 안돼.

* 노안당 : 운현궁 내 대원군 사랑방.
* 노가네 : 노론(老論).

2007. 2. 24

인왕산

—제헌절에 부쳐

너무 시끄러워
옆집 세를 잘 들여야 하는데

좋은 친구도 있었는데
요즘은 영 말이 안 나와

아 글쎄! 쪼그만 주제에
날 대놓고 "그놈"이라 하질 않나

높은 산 깊은 계곡 바윗돌
세상물정 어둡다 하도 불평하기에

남쪽 바닷가 숭숭 구멍난 돌 들여놨더니
비린내 영영 가시지 않아, 아무리 기다려도

참고 또 참아야지
세입자 바뀔 날 머지않았으니

바라고 또 바랄 뿐
이번엘랑 꼭 향기롭고 광채 나는 바윗돌이 들어오길

얼마 남지 않은
내 머리털 더 빠지지 않게시리.

2007. 7. 17

비싼 비지 떼

우리 앞길을 막는다
길을 메운 비싼 비지장수 택시가
노랑바탕에 반물색 글씨의 상표를 단

아주 아주 괜찮은
땅속 싼 스테이크장수 지하철
싸고 빠르고 시간 잘 지키는 서비스
너른 공간 알맞은 실온에서 즐길 수 있는

걱정이 앞서는 비싼 비지
냄새는 안 날지 불친절하진 않을지
안전은 할지 빙빙 돌리지는 않을지
실온은 맞을지 시간은 지켜질지

단 한 가지 위안

북악 여의도 큰 집 속
우글우글대며

세금이나 축내는
훨씬 더 비싼 비지 떼

떠올리며.

2007. 7. 30

게릴라* 폭우

빨치산에 놀란 기억 아직도 생생한데 너마저.

* 게릴라 : 빨치산(partizan)이라고도 함

2007. 8. 14

우박 쏟아지던 봄날

하늘나라에 무슨 일 벌어졌길래
빨간 진달래 여린 꽃잎 두들기나
피다 만 하얀 목련꽃 봉오리 쏟아부어

혹, 맏은 건가?
흰 버섯구름 구린내.

2007. 3. 31

신(神)들의 집착

밤 비행기 속
발아래 펼쳐지는 장엄한 은하수

왜 저런 일이, 지구별엔
이어지는 총소리에 묻어나는 화약 냄새.

2007. 3. 29

욕하지 마라

게으름을 욕하지 마라
자기 앞가림 못함을 욕하라

아이 성적 나쁨을 욕하지 마라
열심히 공부하지 않음을 욕하라

사기꾼을 욕하지 마라
속아 넘어간 어리석음을 욕하라

노조파업을 욕하지 마라
기업도산도 불사하는 좌파의 음흉한 속셈을 욕하라

재벌을 욕하지 마라
안하무인격의 오만불손함을 욕하라

못난이 대통령을 욕하지 마라
못난이를 뽑은 어리석은 유권자를 욕하라

좌파정권의 무능함을 욕하지 마라
안주하다 정권 놓쳐 버린 우파의 태만함을 욕하라

종교전쟁을 욕하지 마라

유일신을 고집하는 종교교리를 욕하라

팔레스타인의 항거를 욕하지 마라
남의 땅에 들어와 행패부리는 이스라엘을 욕하라.

2007. 7. 4

붕어빵

꼭 닮은 딸
등에 업은 젊은 여인
열심히 구워 내는 붕어빵

졸라대는 손자 놈에
이끌려 나온 할아버지
한 봉지 사들고 돌아서려는데

"손자세요
참 잘도 생겼다
어쩜 할아버질 그리도 빼닮았을까"

"아! 그래요"
(싱글벙글 싱글벙글)
다음날도 그 다음날도 손자 손잡아 끌고 나온다

용돈 달랑달랑하던 날 밤 꿈
지구 정복자 외계인 사료 배급을 한다
소 개 돼지 사람 침팬지 일렬로 세워 놓고

소스라쳐 놀라 깬 할아버지

다음날도 그 다음날도 졸라대는 손자 놈을 달랜다
“우리 누룽지나 먹지 않을래.”

2007. 1. 20

돌쟁이다워야

뒤뚱뒤뚱
걸음마하는 돌쟁이

투덜대며 주저앉는다
육상 선수같이 뛸 수 없다고

분수 모르는
늦깎이 시인처럼.

2007. 4. 9

하루 두 번 마주친 여인

아침 6시
인적 드문 운현궁 정문

마주친다
감색 싱글의 신사
노랑 제복 노랑 손수레 여인

상냥한 인사
미모만큼이나 예쁘게 생끗 웃으며

오후 1시

맞추지 않는다, 눈을
반가워 인사하려는 신사에게
한나절의 삶이 고달펐나 얼굴에 스치는 그림자

바뀐 것은 시간, 옷, 방향뿐인데

인연의 끈
적을수록 자유로움을 새삼 느끼게 되는 하루.

2007. 4. 27

까마귀

까악 까악 까악
나는 운다, 없는 것 너무 많아

곡식 쌓아 둘 창고도 없지
뒤룩뒤룩 비만도 없지

늙은 부모 내다 버리는 일도 없지
이혼해 버려지는 아이도 없지

놀고먹는 거머리자식도 없지
고층 빌딩 낙하 자살도 없지

거짓말쟁이 정치가도 없지
가짜 행세할 박사학위도 없지

대형사고 낼 비행기도 없지
싸움에 쓸 핵무기도 없지

없기로서니
너무 무시해
내가 울면, 인간들 침을 퉤 퉤 퉤

만족해야지
멀리 내다보이는 확 트인 시야
하늘 가까이에서 영혼의 소리 들으며.

2007. 7. 20

톡 튀는 병원

노인 요양 병원
현관에 나붙은 훈장
반짝반짝 윤기 나는 5성 호텔 무궁화처럼

아무개 정치인도
아무개 연예인
아무개 시인
아무개 교수
아무개 기업인도 눈 감은 명당이란

어떤 난치병
어떤 불치병도 고쳐 기적을 이룬
이름난 병원이란 홍보는 흠이 되어 버리는

병원 빌딩에 걸려 있는
미래의 현수막이 펄럭펄럭 어른거린다
"유명인 환영! 이름값 만큼 파격 DC해 줌"

오려는가?
출세한 만큼
마무리 원가도 절감되는 세상이.

200. 4. 16

며느리 남편

넘보지 마라
며느리 남편, 다칠라

1촌과 0촌 게임이 안돼
머리는 끄덕끄덕 가슴은 울컥울컥

집착 마라
흘러간 지난날 금(金)인들 옥(玉)인들 잡히지 않아

발버둥 무슨 소용
며느리 남편 세상 된 지 이미 오래인 것을.

2007. 6. 16

백수(白手)만 당신 아들이라

튀게 잘난 아들
장모 아들 되어 떠나고

잘난 아들
며느리 남편 되어 멀어지네

못난 백수 아들만
곁에 남아 보채니 웃어야 할지 울어야 할지

아들 아무리 그립다 해도
거머리 백수 만들어 고개 떨굴 수야 없지 않나?

걱정 마라
세상이란 오늘 울다 내일 웃게 되는 쳇바퀴

잘난 아들 되돌아올 날도 멀지 않았으리니.

2007. 6. 20

보은마을 배은마을

향기 넘치는 보은(報恩)마을
받은 사람만 있어 준 사람 찾아 헤매는
행렬 끊이지 않는데

악취 풍기는 배은(背恩)마을
준 사람만 있어 받은 사람 찾아 헤매는
행렬 끝이 보이지 않아

준 것 잊고 받은 것 잊지 않는 마음
고픈 세상이어라.

2007. 5. 11

뒷소리

딸깍 딸깍 딸깍
뒷머리 잡아끄는 하이힐 소리

시끌 시끌 시끌
연잇는 뒷좌석 전화 거는 소리

찧고 까불고 찧고 까불고
등 뒤에서 들려오는 헐뜯는 소리

법을 믿어서인가?
자신은 느끼지 못하는 바보인가?
인간의 참을성을 시험해 보는 건가?

설마.

2007. 8. 1

도사견의 위기

–어느 재벌의 횡포에 부쳐

타이틀매치
부엉이 소리만 들려오는 캄캄한 밤중
심판도 관중도 없는 수풀 우거진 산속 으슥한 곳
헤비급 도사견[土佐犬]이 플라이급 고양이 잡아다 놓고

개가 웃을 일
다 큰 자식 놈 고양이와 싸웠기로
곧 집어삼킬 듯 흰 이빨 드러내며 으르렁으르렁
육중한 앞발로 짓누르고
강한 송곳니로 물어뜯는 반칙까지

좁은 방 쇠사슬 신세
질서 파괴죄, 경비책임자 주제에 사사로운 감정으로
뒤늦게 알게 된 주인 노발대발, 지난날 공도 안 통해

힘 있는 도사견아!
대접받고 싶거든 몸 낮출 일이지, 웬 난 체?
세상 뒤집고자 문밖 지킨다,
네가 우습게 여기는 적들의 분노가.

2007. 7. 2

잘못

꾸중들은 작은 잘못이 반성한다
매 맞은 큰 잘못이 참회한다
매도 고개 돌린 아주 큰 잘못이 좋아라 날뛴다
망나니 칼춤 속으로 빨려 들어가며.

2007. 7. 17

하도 민망해

처음엔
내 눈을 의심
어찌 저럴 수가

부모도
자식 절
의자에 앉아 안 받는데

선생도
제자 절
반절 이상 짚어 주는데

딸의
친구 절
고개 빳빳이 의자에 앉아

KBS
공영방송이
수백만 시청자 지켜보는데

어른이
아이들 보기가
하도 민망해.

2007. 3. 2

모기

앵 앵 앵 경고음 울리며 쳐들어간다
귀 어두워진 노인 피 빨리고 투덜투덜
요즘 모기는 탈레반을 닮아 가나.

2007. 8. 7

은하수

하늘나라 가뭄 와도 마르지 말아야지
견우직녀 날마다 만나다 사랑싸움 잦아질라.

2007. 8. 10

말복 오후 견공(犬公)

여름 내내 찌든 때 깨끗이 닦고 한숨 푹 자도 될라나.

2007. 8. 13

소나기

하늘나라 대기 오염 얼마나 심해
이리도 쏟아지나 선녀들의 개숫물.

2007. 8. 3

새벽 인사동 거리

밤새 북적대던 이 나라 저 나라 손님 사라져 버린 고요
마치 마당발 주인공마저 영영 떠나가 버린 상가인 양
눈에 보이는 건 나뒹구는 쓰레기 더미 낙엽 노숙자뿐
차라리 소리 소문 없이 살다 간 인생이라면 뒤나 깨끗하지.

2007. 8. 20

창경궁 잔디

오늘도 내 팔다리 자르려나 요란한 제초기소리
진동하는 동료들의 저 녹색피 냄새 역겨워
잠시만 기다려 주면 누렇게 죽어갈 몸뚱이
무엇이 그리 급해 시퍼런 칼날을 휘둘러 대나.

2007. 8. 20

동전

비좁은 어린이 저금통장 속에 살아도
향내 나는 아가씨 분홍 주머니 속에 살아도
방귀 뿡뿡 뀌는 아저씨 바지주머니 속에 살아도
나는 집에 대해 이러쿵저러쿵 말하지 않는다

커피 심부름을 할 때도
녹차를 타서 줄 때도
콜라 사이다를 뽑아줄 때도
나는 일만 하지 목마르다고 보채지 않는다

젖내 나는 고사리 손이 간지러도
빨간 매니큐어의 보드라운 여인 손이 애무해도
땀에 젖은 사내의 거친 손이 움켜쥐어도
나는 목석이 되어 감정 표현을 하지 않는다

청춘남녀의 사랑의 속삭임을 엿들어도
아줌마들의 시어머니 시누이 험담소릴 들어도
나는 비밀을 말하지 않는다

살아서 살아서
열심히 봉사하고 침묵을 지킬 때만이
나는 행복해질 수 있는 까닭에.

2007. 7. 5

구두선(口頭禪)*자 앵무새

금시
꽃방석에 앉혀줄 듯
훌번드르한 말 말 말 말 말

그리도
쉬운 일인데
어찌 지난 5년간 짚방석도 마련 못했는지

새장은 하나
이번에도 말 잘하는 앵무새
알 잘 낳는 씨암탉 중 어느 놈을 넣어야 하나

다툰다
손가락을 빨아도 앵무새다
배고파 못살겠으니 씨암탉이다

구두선자(口頭禪者)
앵무새들이 분주히 떠돌아다닌다
시장으로 노인정으로 귀 얇은 이의 마음속으로

새장만 탐이 나.

* 구두선(口頭禪) : 실행이 뒤따르지 않고 말만 잘하는 참선(參禪).

2007. 10. 19

소나무가 부러워

못 이겨
지난밤 쏟아진 비

어깨 축 늘어뜨린
남산 큰 소나무 안쓰러웠나

들어올려 주려는 듯
피어오르는 저 뭉게구름

못 배겨
날로 무거워져 가는 나랏짐

굽어버린 백성의 등허리
누가 있어 들어올려 주려나

변 사또만 우글우글
이 도령은 찾을 수 없는 세상

흘러 새나가는 저 피 냄새
못 맡는 건지 안 맡는 건지 쌓이는 업장 어이하랴

우리도 언젠가 다다를 수 있으리
아름다운 자연의

조화(調和)!

2007. 9. 15

불기둥

솟아오른다
세찬 불기둥 하늘 높이

활활 타오르는구나
불바다 된 북악산이

얼마나 자신만만했는데
어떤 불도 한 방에 끌 수 있는 소화기 있노라

설마 설마 한 겐가
아니 못 본 체 고갤 돌렸나
산더미처럼 쌓여 가는 저 인화물질을

고통의 초목
분노의 화약
좌절의 기름
불안의 용제

툭 하면 불길 솟으니
들어간 자 눈멀고 귀먹어
저 집 아마도 명당은 못 되나 봐

바라고 또 바란다
지혜로운 자만 들어가
다시는 우리의 심장 타는 내 맡지 않게 되기를.

2007. 12. 19

용숫바람*

세차게 분다
용숫(龍鬚)바람
청적황록의 깃발 드높이 휘날리며

태양을 가린다
소용돌이 바람
대지 위 온갖 오물 흙먼지 쓸어 올리며

솟아오른다
용상(龍床) 찾아 하늘 높이
땅 위에 놓여 있는 줄도 모른 채

나무들이 운다
까칠한 들녘 비스듬히 쓰러져
차가운 북녘 바람의 기나긴 터널 견디지 못해

일으켜 세우려나
회오리바람 지나고 나면
따뜻한 남녘 바람 불어와 기울어진 저 나무들을.

* 용숫바람 : 회오리바람을 말하며, 용(龍)오름 또는 용올림이라고도 함.

2007. 12. 5

소나기 맞던 날

오후 3시 산책길
예보에도 빠진 억센 소나기

쪼르륵 쫄딱
꼼짝없이 맞았다 아주 아주 오랜만에

삐얼건 어제 새벽
탕! 탕! 금강산 해변의 낭자한 피 가여운 여인이 흘린

순수하다는 촛불이여!
어찌 침묵하는가? 교통사고사에는 그리도 펄펄 날뛰더니

정의롭다는 사제들이여!
어찌 감감 무소식인가? 정의로운 살인이라도 된다는 건지

하늘도 답답해
저리도 목 놓아 슬피 울어 대는데 말을 해야 하지 않겠니?

불타는 가슴
어찌 견딜 수 있었으랴? 소나기라도 맞지 않았다면.

2008. 7. 14

독도(獨島)

작지만 보석처럼 예쁜 돌
동편 앞마당 울타리 근처에서 빤짝이고 있었다
새벽잠이 깨어 기지개를 켜며 사방을 둘러볼 때

해가 서산에 걸쳐 있을 무렵
총칼을 든 강도가 들어와 주머니 속에 감추었다
고함소리에 달려온 경찰이 붙잡아 가기 전까지 잠시 잠깐

대문 밖이 떠들썩하다
내 거야 내 거 내놓으란 말이야 내놔 그 돌
아 글쎄 나가 보니 집행유예로 풀려나온 그때 그놈이잖아

참 딱도 하다
번지르르 얼굴에 개기름이 흐르는 신사복 차림에
무슨 탐욕 그리 많아 강도 행각 못 면하는 가련한 인생아.

2008. 7. 27

개목걸이

자기 집도 찾아올 줄 모르는 어리석은 개
아무개 소유물임을 표시한 목걸이를 찬다
나는 알지 못한다, 목걸이를 왜 하는지
꽤 똑똑해 보이는 사람이 누구의 것임을 나타내는.

2007. 9. 3

지렁이

나보다
더 열심히 일하는 이 있으면 나와 보라구 해

월급을 달라길 하나
먹이를 달라길 하나
연장을 달라길 하나
상장을 달라길 하나

오직 여린 몸뚱어리 하나로
단단한 땅 갈아엎어 옥토 만드는 피멍의 노동

알아주지는 못할망정
나만 보면 오만상 찌푸리고 고함치니, 뭐 징그럽다나?

나도 엄연히 존귀한 몸
진화하다 잘못된 불량품이 아닌

인정해 주렴 인간아
있는 그대로 하는 그대로, 너무 징그러워하지만 말고

안양 사는 친구가 그러더군
정가란 인간 밤중에 남의 집을 파더니 아 글쎄 어린 소녀를……

어찌나 징그럽던지
그 소릴 듣고는 똑바로 바라볼 수가 없어 무지렁이 인간들을

누가 누굴 징그럽다 하는 건지 원 참!

* 안양 이혜진 · 우예슬 두 어린이의 끔찍한 유괴 살인 사건을 본 지렁이의 독백.

2008. 3. 24

소의 분노

수수천 년인데
살아서는 뼛골 빠지게 일해 주고
죽어서는 우리 몸을 요모조모 알뜰히도 바친 지가

이제와 우릴
미친 소 취급은 너무너무 억울해
그것도 일부 인간의 탐욕이 빚어낸 결과이면서

겁이 난다고?
누가 억지로 먹으랬나
힌두교도나 채식주의자나 수도승처럼 안 먹으면 될 걸

바라지도 않아
인도에서와 같은 신성시하는 대접은
예전처럼 그저 한식구 되어 오순도순 살고 싶은데

요절(夭折)도 부족해
세 살도 못 채우고 어린 나이에
허구한 날 TV다 촛불이다 미친 소 취급을 받아야 하니

인간들이여!

짓는 악업 어찌하려고
미친 건 우리가 아닌 그대들이라네.

2008. 5. 7

살처분은 너무해

살처분(殺處分)
듣기만 해도 으스스한
누가 만들었는지 이 말을 살처분하고 싶은

오리 닭이
생매장(生埋葬)된다
아무 잘못 아무 영문도 모른 채 여기저기서 억울하게

AI 조류인플루엔자
십 리 밖 병든 친구 생겼다는 이유만으로
그 쉬운 인민재판도 없이 총살도 아닌 흙에 산 채 묻히다니

오만한 인간아
자비심은 언제 어디에 내다 버리고
누구로부터 이 잔혹한 권한을 받았단 말인가

원혼 원혼(冤魂)
하늘 땅 뒤덮은 오리 오리 닭 닭의
어찌하리 어찌하리 저 무서운 인과응보(因果應報)를

인간 살처분이 시작을 울리나

무자비한 군부독재 미얀마 싸이클론
티베트 철권탄압 중국 쓰촨성 대지진
누가 있어 아니라 하리.

2008. 5. 15

골목길 소년

뜨거운 여름날 오후
인적 드문 세 갈래 골목길에서
저만한 큰 배낭을 멘 꼬마소년과 마주친다

서둘러 앞서 가네
눈도 맞추지 않고 쫄랑쫄랑
말 건네고 싶은 마음 나타낼 여유도 주지 않고

수줍어 그럴 게야

그 생각도 잠시

그늘쪽 놔두고
양지쪽으로 걸어가다니
길 한켠에 일렬로 세워 놓은 차를 피하려는 듯

정신이 번쩍!

침묵한 게 어찌나 다행인지.

2008. 6. 26

아름다운 돌잔치

할머니가 정성껏 차린 울긋불긋 떡 과일의 돌상
꼬까옷 돌쟁이 벙긋벙긋 웃겨 가며 찍는 사진
왁자지껄 "연필을 집네, 돈도 집네" 환한 웃음바다
돈 받아 챙기는 호화판이 이만하리, 귀한 아기 내세워.

2007. 9. 6

병원간판 1

범피부과
소내과
마이비인후과 우이비인후과
견성형외과
원정신과
돈내과
황소아과

용안과
어산부인과
계피부과
매안과
서비뇨기과
이피부과

배내과
감치과
목산부인과
초신경과
박피부과
삼피부과

곡산부인과
미신경과
조안과

여기가 바로
극락?

2007. 9. 11

병원간판 2

간통증과
복통증과
염병리과
사이비인후과
사족부과
시신경외과
신비뇨기과
음비뇨기과
모피부과
간내과 장내과
빈내과 변내과
김치과
후안과
표피부과
해산부인과 단산부인과 순산부인과
소방사선과
가해부병리과 공해부병리과 설해부병리과 수해부병리과
한해부병리과
인재활의학과 홍재활의학과 화재활의학과
음흉곽외과

헷갈리네

영!

2007. 9. 11

보도블록의 비원

오늘도
고달픈 하루

괜찮아
밟는 거야

왜 툭하면 두들겨 깨
왜 툭하면 오물을 쏟아 부어
왜 툭하면 시꺼먼 껌을 붙여
왜 툭하면 이리저리 파헤치고 던져

살고 싶었는데
오래오래 함께 오순도순
내 가슴 움푹 파일 때까지

갈아 치우니
조금 금이 갔다고
조금 깨져 더러워 싫다고

너무 무시해
우리의 밑바닥 삶

태어나리라
인간 머리 위 지붕 되어

다음 생!

2007. 10. 8

어느 승용차의 고민

너무너무
호강만 했어, 고령이 되도록
하루라도 한데 잠을 자 봤나
하루라도 밤새워 일한 적이 있나

너무너무
따뜻한 사랑을 받았어
한 번이라도 눈비 맞고 샤워 안 한 적 있나
한 번이라도 세수 안 하고 외출한 적 있나

일한 양
다른 이의 10%정도라지만, 이제 떠나야 할 때

무슨 염치로
더 있게 해 달라고 떼를 쓸 수도 없지

무엇보다
요즘 눈도 침침, 감각도 둔한 느낌이라
주인님 안전에 누를 끼칠까 봐 걱정이 되거든

차라리
초년고생을 했다면 이리도 겁나진 않을 텐데

조용히 눈을 감을 수 있다면 얼마나 좋을까

멀리멀리 떠나고파
사랑하는 분께 추한 모습 보여 드리지 않게시리.

2007. 10. 29

무동을 타고

아이가 아빠 어깨 위 무동(舞童) 타기를 좋아하듯
따뜻한 봄은 추운 겨울 어깨 위 무동을 타고 온답니다

강물이 대지 어깨 위 무동 타기를 좋아하듯
태양은 수평선 어깨 위 무동을 타고 온답니다

우등생이 열등생 어깨 위 무동 타기를 좋아하듯
성공은 실패 어깨 위 무동을 타고 온답니다

나태가 근면 어깨 위 무동 타기를 좋아하듯
좌파는 우파 어깨 위 무동을 타고 온답니다

악이 선의 어깨 위 무동 타기를 좋아하듯
화는 복의 어깨 위 무동을 타고 온답니다

슬픔이 기쁨 어깨 위 무동 타기를 좋아하듯
이별은 연인 어깨 위 무동을 타고 온답니다

질병이 건강 어깨 위 무동 타기를 좋아하듯
죽음은 삶의 어깨 위 무동을 타고 온답니다

무동 탄 놈이나 태운 놈이나

둘이 아닌 한 몸, 이미 대문 안에 들어왔으니

탄 놈이 좋거든 얼른 주저앉으면 그만
태운 놈이 좋다면 버틸 수 있을 때까지 버틸 수밖에.

2008. 1. 30

마중물*

훈풍을 마중물 삼아 봄의 여신이 얼굴을 내밉니다
꽃 내음을 마중물 삼아 벌 나비가 여기저기서 몰려옵니다

게으름을 마중물 삼아 가난의 찌든 냄새가 문틈으로 스며듭니다
뇌물을 마중물 삼아 쇠 팔찌가 울 밖에 서성댑니다

튀는 눈빛을 마중물 삼아 남녀의 가슴이 달아오릅니다
밤일을 마중물 삼아 산신할머니가 헐레벌떡 달려옵니다

담배를 마중물 삼아 폐암이 콧구멍을 들랑날랑합니다
악업을 마중물 삼아 무간지옥의 비명 소리가 들려옵니다

자비심을 마중물 삼아 베품의 손길이 바빠집니다
지혜를 마중물 삼아 깨달음의 빛이 빤짝빤짝 비추어 옵니다.

* 마중물 : 펌프로 물을 퍼 올릴 때, 물을 끌어올리기 위하여 먼저 윗구멍에 붓는 물.

2008. 3. 13

좋은 소

허리가 길고 다리 짧은 소는 빙판에도 잘 넘어지지 않습니다

허리가 길고 다리 짧은 소는 먹성도 좋고 아주 튼튼합니다

허리가 길고 다리 짧은 소는 귀여운 새끼도 잘 낳습니다

허리가 길고 다리 짧은 소는 무거운 짐도 잘 져 나릅니다

허리가 길고 다리 짧은 소는 힘든 짐 마차도 잘 끌고 갑니다

허리가 길고 다리 짧은 소는 큰 논밭도 잘 갈아 엎습니다

허리가 길고 다리 짧은 소는 값도 매우 비싸게 나갑니다

허리가 길고 다리 짧은 소는 아주 아주 인기가 높습니다

그런데 언제부턴가

허리가 길고 다리 짧은 사람은 인기가 아주 아주 뚝 떨어졌답니다.

2007. 9. 1

멍에

중얼중얼
외양간 늙은 소 되새김질하며
"왠지 헛간 속 저 멍에가 오늘따라 그리워"

젊어 한때
그리도 싫던 것이
요즘엔 산골 다랑이 갈 때나 차는 목걸이

힘이야 들었지
볼기짝도 퍽 맞았지만
일 끝나면 맛난 음식에 쓰다듬도 칭찬도 받았는데

먹고 노니
다리 힘도 점점 빠지지
삶이 너무 밋밋해 지루한 나날

사실 요즘 불안해
도랑 건너 멍에가 뭔지도 모르는 젊은 친구들
늙기도 전에 하나 둘씩 어디론가 사라져 버리는 것을 보면

물기 어린
왕방울 눈 껌뻑이며 되뇌인다

나도 갑자기 어느 날 저리 되는 건 아닐는지

그리운 멍에야!

* 멍에 : 달구지나 쟁기를 끌기 위하여 소의 목에 가로 얹는 나무.

2008. 3. 15

꼬리표는 허상

올챙이에 달아준 꼬리표
펄떡펄떡 개구리가 달고 달아난다

벚꽃에 달아준 꼬리표
자주색 왕버찌가 달고 손짓한다

꼬마에 달아준 꼬리표
우람한 키다리 청년이 달고 미소짓는다

예쁜 아가씨에 달아준 꼬리표
뒤룩뒤룩 푹 퍼진 아줌마가 달고 걸어간다

청색당이 달아준 현자(賢者) 꼬리표
적색당이 떼어버리고 우자(愚者)로 바꿔 단다

대학4년 전공꼬리표가 대수냐
40년 사회생활이면 열 개의 전공도 가능하다

꼬리표로만 남을 보면 실체를 놓치기 십상
자기 꼬리표에 연연하면 보이지 않는 창살에 갇히고 만다

꼬리표를 떼어버리자
정확한 꼬리표란 있을 수도 있지도 않은 허상(虛像)일 뿐인 걸.

2008. 6. 16

시린 무릎

꼬꾸라질 듯 이리 비틀 저리 비틀
소아마비 청년 쪽지 돌리는 지하철 안

떨어질세라
꼰 다리 내려놓고 받을 자세 취하니

이게 웬일인가?
비켜 가네 나만, 투명 인간도 아닐 텐데

멍하니 생각에 잠기다
슬그머니 두 손을 얹는다, 시린 무릎 위에.

2008. 1. 11

빚은 무서워

베풀어 길 닦는 일도 좋고 좋다만
빚 무서운 줄 알아 짐 지지 말아야

무거운 짐 지면 훤히 뚫린 길인들 무슨 소용
험한 산길이라도 빈 몸으로 휘적휘적 가리니

아! 이걸 어쩌나?
빚 갚으려 하나 받을 이 간 곳 없어라.

2008. 7. 30

옹친 매듭

고리 지어 묶어야 하느니
세상만사 언제 풀어야 할지 모르느니

어려서 늘 듣던 할아버지 말씀

6 · 25가 터졌다
밀물 한 번 썰물 한 번

둥둥 떠내려갔지
옹친 매듭 좋아하던 인사

꽁꽁 묶인 자기 몸 밧줄
끄르지 못해 끄르지 못해

고래고래 소리지르며
저 멀리 저 멀리 바다 깊숙이.

2008. 8. 4

검은 그림자

인간은
나를 너무 무서워 해

환한 대낮에는
까맣게 잊은 듯 여유만만하다가

뉘엿뉘엿 해 질 무렵
쏜살같이 덮쳐들면 혼비백산
가진 것 몽땅 내동댕이치고 날 살려라 달아난다

왜
이제사 서두르는지
허약해진 몸으로 어찌 너는 나를 피할 수 있으리

나는 허상(虛想)
무엇이 그리도 두려운 것인지 몰라

정 피하고 싶거든
진작 도(道) 이루어
수평 아닌 수직으로 뛰어오를 일이지.

2007. 11. 19

묵언의 친구

약속이라도 한 듯
묵묵히 지나친다
10년을 만나도 100번을 스쳐 가도

오늘 안 보이다
며칠 후 나타나면 더욱 반갑고
영영 안 보이면 이사 갔으려니 마음 접어

십여 년을 하루같이
돌고 도는 종묘 창경궁 산책길
벤치의 주인공 변하고 수없이 바뀐다 해도

변한들 어떠하리
바뀐들 어찌하리
예나 지금이나 한결같은 묵언(默言)의 친구들인 걸

돌도 바람도 물도 나무도 까치도 다람쥐도……

2007. 12. 27

시계불알

똑딱 똑딱
쉼 없이 잘라 내는 소리
기나긴 세월을
너르디너른 우주를 싹둑 싹둑

어떤 이는 좀 더 빨랐으면
어떤 이는 좀 더 느렸으면 하지만

시계불알
발정한 암컷 찾는지
정신없이 왔다 갔다 하는데

거기다 대고!

2008. 1. 22

큰 사발

종지야!
네가 부러워, 네가 옳았어

아침 저녁 밥상에 올라
온 식구 사랑 받는 귀염둥이 네가

흙으로 빚어지던 시절
너를 비웃었지, 꿈이 너무 작다고 깔깔대며

너는 빙그레 미소 지으며
크다고 꼭 좋은 게 아닐 텐데 라고

네 말이 맞았어
못생긴 게 똥을 싸게 무겁기만 하다나
안마당 멍멍이 밥그릇 신세도 황송해야 하니

다 필요한데
종지도 탕기도 접시도
왜 나는 무턱대고 큰 사발만 되려 했는지

행복을 안 너의 지혜여!

2008. 3. 17

제2부

태풍아

새해를 맞아

기나긴
흰 떡가래
톡 톡 톡 토막 내어 이름 짓는다

지난해 가락은 무자(戊子)
올해 가락은 기축(己丑)이라
이름이야 아무려면 어떠하리

맛나게
잘근잘근 씹어
남김없이 먹어 치우면 되는 게지

무자 녀석은
매운 고추장 발라
빨갛게 물들였더니 어찌나 속이 화끈거리는지

기축이 녀석은
고소한 참기름을 발라 노랑이로 만들까
달디단 토종꿀로 물들여 누렁이로 만들까

새해를 맞아
흰 떡가래 두 손으로 받아 든 채
이 궁리 저 궁리하는 재미도 쏠쏠하다.

2009. 1. 5

8 · 15회상

– 광복 63주년을 맞이하여

라디오 없는 시골마을
해 질 무렵 되어서야 술렁술렁
왜놈이 항복했대 우리나라가 해방됐대

태극기 물결도 만세 소리도 없이
멀리서 다가온 밤중 꽹과리소리 속 우지끈 뚝딱 땡그렁 쨍그렁
신작로 모퉁이 신사당부터
병적서기네 집 배급서기네 집 부서지는 소리

여덟 살 소학교 1학년 소년의 마음
일본어 안 해도 되네
신사참배 안 해도 되네
소나무 광솔 따지 않아도 되네
쌀 놋그릇 감추지 않아도 되네
아저씨 징병 끌려갈 걱정 안 해도 되네

잠 설친 다음날 아침
책가방 메고 학교엘 갔지
어른들 만류도 뒤로하며 두 눈으로 확인하고파

쓸쓸한 학교운동장

선생님도 야반도주를 했나 보이지 않는
미국 놈 기다란 코 한 손으로 잡고
일본도로 내려쳐 이긴다고 가르치던

모르고 가르쳤을까
알면서도 거짓말을 한 것일까
하기야 요즘 같은 정보화 시대에도
낯빛 하나 붉히지 않고
거짓을 가르치는 선생 수두룩하니 가려 무엇 하리

그러나 저러나
창씨개명 하고 소학교엘 다녔으니
누가 날더러 친일 했다 욕하면 이 일을 어찌하나.

2008. 8. 15

하면 되고 쏭

– 생각 따로 행동 따로

월급 많이 받고 싶지만
회사 문 닫아 걸고 파업만 하면 되고

돈 많이 버는 게 꿈이지만
부자 욕은 발 벗고 나서서 하면 되고

자식 병역면제 시키지만
남이 하면 범죄행위로 몰아가면 되고

전교조교육 떠받치지만
자기 자식만은 그 교육 피해 가면 되고

반미 데모엔 앞장서지만
자식 유학은 미국으로 보내면 되고

미국 가 스테이크 잘 먹지만
돌아와 미국 소 미친 소 외쳐 대면 되고

언론 결사 집회의 자유 누리지만
대한민국의 정체성(正體性) 부정하면 되고

낡은 이념 속에 갇혀 있지만
진보 간판만 내다 걸고 부르짖으면 되고

북한 체제 박수 쳐 찬양하지만
거기 가 살라 하면 깊숙이 숨어 버리면 되고

극락 가면 잘 사는 걸 알지만
염라대왕이 물으면 지옥이 더 좋으니
보내 달라면 되고.

2008. 8. 6

뒤집힌 본말(本末)

자정에나 도착할 조상신(神) 아랑곳없이
산 놈 위해 꾸뻑꾸뻑하고 저녁파티 여는 불효자손

돌쟁이가 받아야 할 진심의 축복 아랑곳없이
이 사람 저 사람 불러 모아 봉투 챙기다 욕먹이는 돼지부모

서까래도 벅차다는 자식의견 아랑곳없이
대들보 되라 밀어붙이다 부지깽이도 못 만드는 바보부모

아이들 잘 가르칠 생각 아랑곳없이
뜯어낼 건수 만드는데 정신 팔린 교활한 여우 선생

건강하려고 먹는 음식 아랑곳없이
먹고 먹고 너무 먹어 병 깊어 가는 노브레이크 뚱뚱보

돌아간 부모님 애도 아랑곳없이
뻗질러놓고 상속 싸움질이나 하는 패륜자식

잡아내야 할 범인 아랑곳없이
내통하여 주머니 채우는데 이골이 난 범죄경찰

누가 우군인지 적군인지 아랑곳없이

기분 내키는 대로 적군엔 미소
우군엔 삿대질하는 어린 민초

따뜻하게 해 주니 벗으라는 외투 아랑곳없이
덥다 더워 선풍기 보내라 외쳐 대게 만든
김빠진 햇볕정책.

2008. 9. 26

고궁의 말소리

고궁이 사투리를 쓴다
그것도 두 개만 가지고
서울 표준말은 벌써 잊어버린 듯

10여 년 전 놀랐지
어느 날 갑자기 고궁이 말소리 바꿔
프랑스 발음 닮은 잉 잉 잉 하는 비음 섞인 말로

무슨 일 있었기에
요즘 들어 다시 바꾼 걸 느낀다
독일 발음 닮은 강한 억양의 까 꺼 카이 말로

고궁의 푸념소리가 들린다
나 요 사투리 그만 하고 싶은데
우째 이 두 가지만 하라고 종주먹을 대는지 몰라

걱정일랑 접어 두시구려
그대가 싫증을 느낀다면 변화오리니
방방곡곡의 말 골고루 할 날 다가오는 소리 들리네.

2008. 11. 15

중국의 생각

헛똑똑이야 헛똑똑이
아무래도 힘세다고 소문난 미국

공정(工程) 잘 꾸며 흡수해야지
캐나다 쿠바 멕시코 남미 몽땅.

2008. 8. 13

초상집 눈물
–어느 국민장의 풍경

운다 슬피도
눈물을 뚝 뚝 뚝 흘리며

참으로 참으로
오랜만에 보는 흐뭇함이다

초상집 눈물은
아주 아주 자연스러운 것이건만

근래에 와서는
못보던 현상이라 노랫소리 독경소린 들려도

상주도
뽀송뽀송한 세상에 조문객이 저리도 슬피

텔레비전이
우는 이만 찾아 비추어주는 것은 아닌지

아직도 저들은 부모상 당하면
저렇게 슬피 우는 걸 나만 몰랐단 말인가

초상집 눈물 말라
씁쓸하던 차에 어찌 반갑고 흐뭇하지 않으리

울어라 울어라 실컷
천당보다 더 좋은 곳을 간다 해도 영영 이별이니

부모형제 떠날 때에도
제발 꼭 잊지 말고 펑 펑 펑 쏟아 내며.

2009. 5. 28

대들보의 노파심

– 부모의 지혜를 아쉬워하며

고마워요 고마워
서까래님이 날개 되어 허공에 둥둥 떠 있으니

웬걸요 웬걸
우리야 힘센 기둥님이 받쳐주느라 끙끙거리시니

아니요 아니
우리도 든든한 대지와 주춧돌이 묵묵히 견디시니

깔깔깔 껄껄껄
집이 떠나갈 듯 한바탕 웃음바다 이루는데

참 이상도 하지
개울 건너 한(韓) 진사 댁 지경 다지는 소리* 오래건만

창틀이 쑥 나서며
놀면 놀았지 너도나도 대들보만 한다고 해서

쯧쯧 쯧쯧

부모가 어찌 가르쳤기에 제 분수 모르고 눈만 높아.

* 지경 다지는 소리 : 집을 짓기 위하여 터를 단단하게 다질 때 나는 소리로, 큰 돌을 밧줄로 사방팔방으로 매어 장정들이 둥그렇게 서서 소리를 지르며 들어 올렸다 내렸다 하면 쿵쿵 소리가 나면서 땅이 움푹움푹 패어 들어간다.

2008. 9. 12

조기

집집마다
대문에 조기를 다시오 조기를

방송마다
시끄럽게 외치고 또 외친다

막상 막상
국민장 영결식이 거행되던 날

눈을 씻고 또 씻고
샅샅이 찾아봐도 없다 어느 골목에도

역시 역시
대단한 불황인 게 틀림없어

달아 맬
조기 한 마리도 아까운 마음의 불황.

2009. 5. 31

어느 고아원장의 참회

고아원(孤兒院)은 아니야
이혼부모 아이가 더 많으니

기아원(棄兒院)이라 하면
정부 보조금이 안 나올지도 몰라

거짓 간판 계속 달다간
죽어 무간지옥에 떨어질지 누가 알아

어찌한담
이리 뒤척 저리 뒤척 잠 못 이루는 밤

촛불 앞에 앉은 원장
두 손 합장한 채 중얼중얼거린다

참회하고 참회하오니
제발 원컨대 무간지옥일랑 면해 주소서.

2008. 11. 24

한복이 서러운 설

눈길 성묘
못 가면 되돌아온다는 각오의
한복 정장으로 조상님께 예의 갖춘

여주휴게소
올 적 갈 적 들르는
오늘따라 달랑 나 홀로 한복 정장

화장실 출구
힐금힐끔 뒤돌아본다
여남은 살 되어 보이는 사내아이

"왜?"
미소 지으며 다정히
내 딴에는 '멋지네요' 까지 기대하며

이게 웬일?
귀를 의심할 수밖에
"일본 사람 같아서요"

'………………'

아우성 소리 들리는 듯
일본은 “있다”
한국은 “없다” 오락관 프로의.

2009. 1. 27

재탕 다이어트

떠들썩
음식점 반찬 재탕
잘도 한다고 식은 죽 먹듯

젓가락
이리저리 오락가락
이것은 아니겠지 아니야 그럴 거야

식욕 내릴 즈음
누군가 귓가에 속삭인다
이참 다이어트나 하지 뭘 그래

귀가 번쩍
바로 그거야
그래 그래 맞아 맞아

손님은 다이어트
주인은 3탕 할 수 있어
이보다 더 좋은 일도 흔치 않으리.

2008. 12. 8

차라리 침대라면

날마다
드나드는 고궁엔
여기저기 초소가 많기도 하다

창문엔
앉은키 높이 맞춰
색지코팅 신문 잡지로 가리지만

야속해
잘 지키는 이도 많은데
유독 잠자는 이만 뇌리에 남아

차라리
편히 누울 침대라면
나라 품위 유지에도 크게 이바지하련만.

2009. 2. 5

궁둥이

둥근 궁둥이 모난 궁둥이
빨강 궁둥이 노랑 궁둥이
하양 궁둥이 깜장 궁둥이

깨끗한 궁둥이 더러운 궁둥이
실룩대는 궁둥이 점잖은 궁둥이
치켜붙은 궁둥이 축 처진 궁둥이

길을 가다 보면
별의별 궁둥이를 다 만난다
얼굴보다 더 중요한 궁둥이를

그런데 그런데
아주 미운 궁둥이가 있다
이름표까지 달고선 어찌 저럴 수가

비좁은 사이로
손짓 하나 없이 갑자기 끼어드니

얼마나 미운지
팍 박아주고 싶지만 꾹꾹 참는다
성추행에 걸리면 시끄러울까 봐

새치기할 때 손짓 하고
한 다음에 두 손 들어주면 될 것을

오늘도 애써 본다
승용차 궁둥이 품위 유지를 위해.

2009. 4. 2

다종교 사회 속 호강

유교집안 제사 지내기 싫으면
눈 딱 감고 예배당엘 나가면 되고

예배당에 십일조 내기 아까우면
날 살려라 도망쳐 뛰쳐나오면 되고

조상 산소의 벌초 성묘 귀찮으면
불교에 입문해 파내서 훌훌 뿌리면 되고

절에 가 절하기 싫으면
안 가면 그만이고

대 이을 손자 꼭 낳고 싶으면
버렸던 유교로 되돌아와 며느리 설득하면 되고

손자 얻었겠다 제사 지내기 싫으면
다시 예배당엘 나가면 된다네

빙글빙글 잘도 돌아간다
얄팍한 잇속 찾아 살기 편한 다종교 사회.

2009. 4. 6

노약자석

아무리
크게 써 붙여도 소용이 없다
눈을 딱 감고 앉아 있으니까

아무리
크게 방송을 해도 소용이 없다
귀를 막고 시끄러운 음악을 들으니까

방법은 딱 한 가지
젊고 건강한 사람이 앉으면
방석에서 뾰족한 바늘이 솟아오르는 거야

기대해 본다
눈부시게 과학이 발달하니까
제구실을 하는 노약자석이 만들어지는 날을.

2009. 5. 4

얼굴 바뀌는 청첩장

젊은 시절
날아오는 청첩장의 얼굴은
험상궂었지 세무공무원을 닮아
주머니도 시간도 판단도 놀라게 하는

중년 들어
날아오는 청첩장의 얼굴은
평온했지 점포 주인을 닮아
시간 내어 주머니사정에 맞게 사면 되는

노년 들어
날아오는 청첩장의 얼굴은
빙그레 웃었지 멀리서 온 친구 닮아
만나 먹고 즐기며 진 빚까지 갚게 되는.

2009. 3. 3

순수한 인사

가 봐야
반길 사람도 없다
아는 사람도 없다

체면치레도 아니다
눈도장 찍는 일도 아니다
청탁을 하기 위함은 더더욱 아니다

달랑 사진 한 장
알아보는지 몰라보는지
잔잔한 미소 머금은 채 바라만 볼뿐

머나먼 길
떠나는 외로운 길손
어찌 한 잔의 송별주가 없을 수 있으랴.

2009. 4. 9

아구탕이 좋아

회갑 지나
늦게 만난 아구탕
거의 매일 점심마다 찾는다

본명은
아구*도 아닌 아귀
목구멍이 바늘구멍 같다는 아귀(餓鬼)

메기보다도 더 큰 입
납작한 몸통 짧은 허리와 꼬리
이름도 모습도 볼품없는 물고기인데

쌉쌀하면서
얕지도 깊지도 않은 담담한 맛
부서지지 않는 쫄깃쫄깃한 육질에 무딘 뼈

얼큰한 탕국
미나리 콩나물 가득
마늘 고춧가루 갖은 양념 듬뿍 넣어 펄펄 끓인

밥[米] 생선[魚] 채소[菜]
골고루 같은 분량으로 맞춰

먹을 수 있는 보기 힘든 건강 장수식품

너무 즐겨
오래 오래 먹다가
아귀 닮은 얼굴로 변하지 않을까 은근히 걱정될 뿐.

* 아구 : 아귀의 잘못. 다만 속명으로 아구어(餓口魚)라고도 함.

2009. 5. 21

즐거운 제사

돌아가신 부모님
다이어트를 하시나 봐
일 년에 단 한 끼만으로 잘도 견디시니

돌아가신 부모님
마음을 비우셨나 봐
용돈 한 푼 없이 차려 드린 대로 흡족해 하시니

돌아가신 부모님
자손이 반가우신가 봐
바라보시는 얼굴엔 늘 잔잔한 미소 머금으시니

돌아가신 부모님
자손을 끔찍이 사랑하시나 봐
제상 위 음식 입만 대시고 고스란히 남겨 주시니

돌아가신 부모님
신통력이 있으시나 봐
제삿날이면 늙은 자식도 동심으로 돌려놓으시니

돌아가신 날 맑은 새벽

빨간 숯불에 잘 익은 향 피워 잔 올려 축 읽으면
굶는 이 늘어만 가는 세상 불효만은 면할 수 있으니

즐거워라 제사!

2009. 4. 23

수탉이 잦아드는 별

어릴 적
나의 우상(偶像)
우리 집 수탉은 차원이 달랐지

힘든 일 해야 하는 소
뒤룩뒤룩 살쪄야 하는 돼지
밤잠 설치며 도둑 지켜야 하는 개
꼬박꼬박 알 낳아야 삶이 보장되는 암탉하고는

곤두세운 시뻘건 벼슬
화려한 옷 차려입은 우람한 몸집
수많은 암탉 거느리며 외쳐 대는 우렁찬 목소리

동네 챔피언이었지
주인 소년 카타르시스 만끽시켜 준
구메구메 고추장 비빈 밥 먹여 그랬는지

지하 혼령 통금시간 알림이기도 한
다른 집 수탉이 돌아가며 울어 댄다 해도
제사 마치기 기다렸다 울어 목숨 같은 신임 얻어 낸

새벽닭 울음소리 희미해져 가니

밤중 제사 이집 저집 축 읽는 소리와 함께
수탉 잦아든 곳 간간이 들려오는
유정란 만듦이 헐떡이는 소리만.

2008. 8. 11

시간의 마법

손자 기다리는 시간은
굼벵이 등에 올라 꾸물꾸물거리는데

할아버지 늙어 가는 시간은
달리는 말 잔등에 올라 스쳐 지나간다.

2009. 3. 30

몽당연필

책상 서랍 가득 몽당연필 떠들썩
자기가 쓴 글 더 멋지다는 다툼소리.

2008. 8. 7

말 말 말 말

시원시원 풀어놓으니
거친 말, 성난 말, 분한 말, 원망 말

복(福) 달아난 곳간
어느덧 마구간 되어 구린내만 풀 풀 풀.

2008. 9. 13

걸으면 오래 사는 이유

일감은 느는데
T/O는 늘 그대로라

투덜투덜
지칠 대로 지친 저승사자

게다가
물어물어 찾아가 보면

주렁주렁
매어달고 저항을 하질 않나

아니면
매일매일 걸어 달아나질 않나

매어단 놈은
만날 수나 있지

달아난 놈은
무슨 기운으로 따라 잡느냐 말이야

더구나
일감이 지천이라 노는 것도 아니니.

2009. 1. 12

봄 2

녹아든 봄비에
선잠 깬 개구리 고개 쑥 내밀어
물오른 버들강아지 보고 있노라면

여기저기 연달아
톡톡 터지는 소리 시끄러운 듯
종다리 하늘 높이 날아올라 지저귀고

달뜬 예쁜 아가씨
겨우내 가리어지던 몸매
날씬한 다리 눈부시게 봄바람 가르면

한창 나이의 사내
춘정(春情)에 쌍코피 터지는데
노닐던 살찐 암탉 긴장한 눈빛으로 바라본다.

2009. 3. 6

봄의 다툼

숲 속 나무 옷 입기 다투느라
녹색 가운 두르기 바쁘고

젊은 여인네 옷 벗기 다투느라
하얀 속살 드러내기 바쁘다.

2009. 4. 13

잉어의 봄
– 개방의 두 얼굴

깊은 연못
뿌연 칸막이 녹아나니

푸른 하늘빛
끝 간 데 없이 고와라

가슴 부풀어
피는 꽃망울에 취해 있노라면

몰려온 사람들
시끌벅적 소란을 떨어 대는데

던져 주는 먹이
골라 먹을 일이 심히 걱정되네.

2009. 3. 23

물폭탄

폭탄
물폭탄
마구마구 쏟아 붓는다

이 마을
저 골짜기
골라골라 쏟아 붓는다

참다못한 용왕이
칼 빼어 들었나 싶어
시원시원한 소식 기다리고 기다렸지

매스컴 구석구석
샅샅이 샅샅이 찾아도
여의도 평양은 멀쩡한데
떠내려가네 불쌍한 친구들만 둥둥둥둥

가난이 죄란 말인가
용왕이 망령 들었단 말인가
내 눈이 침침해 못 찾는 거란 말인가.

2009. 7. 20

세종이의 행복

숫처녀 잉태
기구한 운명의 불장난
이웃마을 유부남 날건달 꾐에 빠진

한 수 더해
탄생도 하기 전 아주 떠나
유복자로 태어나야 할 씁쓸한 팔자

귀한 생명
떼어 낼 수야 없는 일
낳기는 낳아야 하는데 말도 많고 탈도 많아

문제 중 문제야
미혼모 꼬드기는 무리
먼 마을 아홉 기둥서방 끌어 와야 한다나

태교나 잘 할 일이지
아이 행복 진정 원한다면
마음 떠난 남의 서방 곁눈질 당치도 않아

홀로 서야 해

세종이 훌륭히 키우려면
누군들 돕지 않으리 사생아 둔 불쌍한 여인.

2009. 9. 25

누굴 탓하랴 임진강 물폭탄

– 이런 불상사 다시 없길 바라는 마음에서

누군들 이상타 하지 않으랴
적이 핵도 아닌 물폭탄 썼기로서니
거기다 대고 어쩌구저쩌구 한대서야

누군들 히죽히죽 웃지 않으랴
기습공격 당해 억울한 목숨 잃은들
적을 적이라 부르지 않고 형제라 믿다가

누군들 살려낼 수 있으랴
물간 자리에 텐트 치고 자다 떠내려간들
정부만 믿다가 군대만 믿다가 설마만 믿다가

누굴 탓하랴
내 목숨 내 가족 내가 지켜야지
너르디너른 강가에 하필이면 물 흘러간 자리에.

2009. 9. 10

단미(斷米)

아침저녁
쌀 한 톨마저
절교한 지 여러 날

먹어 봐야
밥 한 술인데
차도를 보이는 체중

미처 몰라
미(米)의 위력
이리도 셀 줄이야

강한 바람
강한 저항
받게 마련이지만

단미(美)라니
굶주리던 시절
누구 덕에 살아남았는데

하다 보니
배은망덕 뜻이네
단쌀로 고치면 될 걸 가지구.

2009. 11. 26

친일파

일제 식민지
소학교 6개월 다녔으나

창씨개명
신사참배
천황만세
황국신민 선서
광솔 채취……
많은 친일 행위를 한데 비해

일본아 망하라
일본 놈 나쁜 놈
………………
항일 행위는 근거가 없으니

누가 날더러
친일파라 해도
무슨 말을 할 수 있으랴

친일파 1,005인
명단에 빠져 있어
다리 쭉 뻗고 자게 되었지만

양심에 찔려
엄히 가르치노니
두 번 죄짓지 않으려면
'나의 자손들아! 친일로 몰아가는 짓거릴랑 하지 마라.'

2009. 12. 3

오른쪽으로

우측보행 우측보행
좀처럼 지켜지지 않는다

모르는 걸까
읽기는 해도 무슨 뜻인지

설마 그럴 리야
우(右) 알레르기 반응일지도 몰라

여기저기 우우우우
우측정권 신나게 써 붙였지만

꾀가 너무 모자라
좌(左)측의 심리도 헤아릴 줄 알아야지

화살표(↓ ↑)면 충분할 걸
누구도 화살받이 좋아할 리 없으니까.

2010. 1. 11

미친 비가 내리던 날

오늘은 대한(大寒)
일 년 중 가장 추워야 할

난데없이
추적추적 미친 비가 내리니

대지의 하얀 가운
질척질척 비눈물에 더렵혀지고

여기저기선
미끈둥미끈둥 궁둥방아 찧는 날

하필이면
미친 판사 미친 판결까지 내리다니

삼척동자도 웃는
미친 소인지 미친 PD인지도 분간 못해

알 것만 같구나
오늘 미친 비를 내린 심오한 천심(天心)을.

2010. 1. 20

사월 초파일

눈도장 하나면
펑 펑 펑 펴주는
좋긴 좋은 날인가 보다

평소엔 쌈질하느라
코빼기도 내밀지 않던
여의도 미운 오리새끼들

뒤질세라
저보다 더 큰 쪽박 들고
뒤뚱뒤뚱 나타난 걸 보면.

2010. 5. 24

종묘에서 만난 너구리

너를 보다니
시뻘건 대낮에
십수 년 단 한 번의 모습도 아끼던 너

홀로 서서
두리번두리번 도망칠 생각도 없이

부모 잃은 소년 가장이더냐
먹을 것 기다리는 독거노인이더냐
처자식 해외 보낸 기러기 아빠더냐
일자리 구하러 나온 대졸 실업자더냐

너의 사정 알 바 아니다만
어찌 그리도 야성이라곤 찾을 수 없고
연예인인 양 카메라 포즈만 잘 취하는지

지금이라도
당장 늑대라도 나타나면

누구처럼
창고에서 도토리나 퍼다 주고
목숨 구걸해야 한다고 외치는 건 아니겠지?

2010. 6. 21

눈치 없는 그늘

불볕 싫어 아쉬울 땐
바짝 오그라들어 핫팬티 되더니

따스한 볕 그리울 땐
축 늘어진 롱스커트 되어 해를 가리네

그대도 황소불알 닮아
더울 땐 늘어지고 추울 땐 쪼그라든다면

밝고 긍정적인 귀염둥이 될 텐데
좌파를 닮았나 사사건건 엇박자만 놓는지

하기야 그대 좋아하는 팬
박쥐나 땅두더지도 있으니 나무랄 수만 없는 노릇.

2010. 7. 8

완장

똑같은
노란 완장이라도

박지성이 차면
빤짝빤짝 빛나는데

영포라인이 차면
검붉은 핏빛을 내누나

실력의 완장 아닌
권력의 완장일랑 차지 마시구려

모른다 몰라
권좌에 있을 때는 모른다

물러서야
깨닫는 게 권력의 함정이라서

하물며 지난날 완장의 원혼
아직도 구천을 떠돌며 울부짖는 이 땅에서야.

2010. 7. 19

마트인지 魔트인지

테이스터스 초이스 500g
왜 이리도 비싸 하면서 샀다
대형마트가 설마 씌우기야 하랴 싶어

사서 들고 오면서
아무래도 찜찜한 마음에
집에 전화를 걸어 알아보라 했더니

이게 웬일인가?
다른 대형마트보다 30%나 비싸고
심지어 구멍가게보다도 더 받았단다

같은 서울하늘 아래
제조 회사도 제조 연도도
품질도 포장도 똑같은데 값 차이가 너무 커

박리다매의 슬로건 내걸고
폭리다매를 하고 있는 대형魔트여!
믿을 놈은 자기 발밖에 없는 세상이어라

아마도 고령 사회에서

남아도는 시간에 발품 팔며 운동하라고
일부러 들쭉날쭉 정찰제를 실시하나 보다

고맙게시리.

2010. 2. 8

신종플루의 너털웃음

어 허 허 허
참 웃기는 인간들이야

쉬는 말해 뭐해
큰 것 보고도 그냥 휙 나가더니

요즘 들어
내가 무섭기는 무서운가 봐

기다리지 뭐야
줄을 죽 서서 세면기 앞에

기대해 봐야지
훈육 선생님으로 초빙될 날을.

2009. 11. 5

싸게 먹은 점심

어찌나
아줌마 부대가 소프라노인지

옆 좌석
노인들도 덩달아 목청을 돋운다

입보다
귀가 먼저 공짜포식을 하였으니

반값이야 반값
눈으로 먹은 건 빼고서라도

더 젊은 미모였더라면
반값이 아니라 더 내려갔을 게야

이날따라
음식값이 아주 싸게 느껴진다

약삭빠른 주인이라면
두 배나 세 배로 받아도 될 터인데.

2010. 4. 5

친구 중의 친구

나에겐 친구 중의 친구가 있다
어디를 가나 항상 몸에 찰싹 붙어 따라다니다가

배고플 땐 몸을 팔아 밥을 사주기도 하는
다리가 아플 땐 몸을 팔아 차를 태워주기도 하는
병이 날 땐 몸을 팔아 치료를 해주기도 하는 좋은 친구다

그러기에 나는 최고의 예우로써 그를 대한다

악수를 할 땐 꼭 장갑을 벗고 한다든지
집에 들어오면 가지런히 누워 편히 쉬게 한다든지

사치로 흥청망청 뿌리지 않는다든지
어두컴컴한 노름판에 보내지 않는다든지
한밤중에 유흥가를 떠돌게 하지 않게 한다든지

목에 힘을 주려는데 쓰지 않는다든지
사과박스나 007가방에 넣어 몰래 보내지 않는다든지
총리공관 의자에 놓고 나온다든지 하는 일은 시키지 않는다

인류의 행복을 위해

요긴하게 쓸 것이란 믿음을 주면
고분고분 말 잘 듣고 조용히 기다려 주는 마음 착한 친구다.

2010. 4. 8

견권만만세(犬權萬萬世)

짝 짝 짝
기뻐 꼬리를 친다
저녁 뉴스*를 보던 개[犬公]

참 좋은 세상이야
1년 이하의 징역이라
우릴 학대하는 인간은

어찌 하려는 거지
우릴 잡아먹는 인간은
종신징역이라도 시키는 걸까

옆집 망나니 아들
제 어미를 학대하면서도 멀쩡하니
견권이 인권을 능가하는 시대인 게야

만세 만세 만만세
천수를 누릴 날이 왔다
누가 감히 우리 털끝 하나 건드리겠는가?

* 뉴스 : 동물을 학대하면 1년 이하의 징역이나 1,000만 원 이하의 벌금형이라는 내용.

2010. 8. 16

말복 넘긴 개가 부러운 이유

야호 야호 말복 지났다
눈은 빤짝 빤짝 의욕은 철철
내년 삼복까지 목숨 보장받았구나

하루는 63빌딩에서 뛰어내려 봐야지
하루는 대한해협을 헤엄쳐 건너 봐야지
하루는 백두산에 올라 호랑이와 싸워 봐야지
하루는 에베레스트 산 정상을 홀로 정복해 봐야지
하루는 총알이 빗발치는 전쟁터에 나가 달려 봐야지

하다하다 싫증 나면 돌아오는 복이 지나갈 때까지
물 한 모금 마시지 말고 마냥 굶으며 잠이나 자야지
아무리 식욕 좋은 인간이라도 뼈와 가죽만 남은 나를 어쩌리

머리만 잘 쓰면
오래 오래 살아가면서
하고 싶은 일 마음껏 할 수 있는 길이 펑 뚫리어 있네.

2009. 8. 20

그럼 행복하시네요

눈은 보이시죠? 그럼 행복하시네요
귀는 들리시죠? 그럼 행복하시네요
냄새는 맡으시죠? 그럼 행복하시네요
맛은 느끼시죠? 그럼 행복하시네요
두 발로 걸으시죠? 그럼 행복하시네요
두 팔을 쓰시죠? 그럼 행복하시네요
잠은 주무시죠? 그럼 행복하시네요
배설은 하시죠? 그럼 행복하시네요
옷은 있으시죠? 그럼 행복하시네요
밥은 굶지 않으시죠? 그럼 행복하시네요
잠잘 곳은 있으시죠? 그럼 행복하시네요
죄 짓고 쫓기진 않으시죠? 그럼 행복하시네요
치매는 아니시죠? 그럼 행복하시네요
암은 아니시죠? 그럼 행복하시네요
시한부 인생은 아니시죠? 그럼 행복하시네요
숨은 쉬고 계시죠? 그럼 행복하시네요.

2009. 9. 17

이상한 모국어

방마다
제각각 다른 모국어를 쓴다

안방 손님
신라 모국어

건넛방 손님
백제 모국어

마루방 손님
코리아 모국어를 쓰네

그런대로
단어는 알아들을 수 있어도

말뜻은 몰라
무슨 말을 하는 건지

통역을 붙여도
말이 안 통하는 이상한 모국어(母國語).

* 방언에 따라 편견이 심하여 의사소통이 안 되는 현상.

2011. 5. 12

얼굴

얼(넋)이
드나들며 살아 숨쉬는 굴이라

얼마나
순수하고 멋진 우리말인지

영어의 face나
한자의 面은 겉만 나타내는데

얼굴의 눈은
보는 걸 관장하는 얼이 살아 숨쉬는 굴

얼굴의 코는
냄새와 숨을 관장하는 얼이 살아 숨쉬는 굴

얼굴의 귀는
소리를 관장하는 얼이 살아 숨쉬는 굴

얼굴의 입은
말과 맛을 관장하는 얼이 살아 숨쉬는 굴이라

얼굴이란
바로 그 사람의 인격을 나타내는 모든 것인데

지도자랍시고
철판을 깐 채 시청자 앞에 어찌 나타날 수 있는지

머지않은 미래
철판 깐 얼굴은 화상처리가 안 되는 기술개발을 기대해 본다.

2011. 1. 20

눈도 밟히면

하늘하늘
하늘나라 싫어 내려온 눈

한 번 밟힐 땐
첫사랑의 키스인 양 수줍어하다가

두 번 밟힐 땐
의아한 눈빛으로 빤히 쳐다보다가

세 번 밟힐 땐
사랑 아닌 매로 여겨 심술부린다

꽈당탕!
엉치뼈 부러지는 할망구

꽈당탕!
손목 부러지는 아줌마

꽈당탕!
네 활개 버둥대는 아가씨

북녘 땅에는 눈도 내리지 않나
찍소리 못한 채 밟히고 밟히는 동포여!

2010. 12. 13

빼얼건 대낮에

빼얼건 대낮에
시빼얼건 거짓말을 관(官)이

11월 11일~12일
G20 손님 접대 삼척동자도 다 아는데

창덕궁 창경궁
대궐문 닫아걸고 내부수리 중이라니

관이라는 게
민(民)의 신뢰를 왜 잃는지 알 만하다

빼얼건 대낮에
대문 닫아걸고 낮거리라도 한다는 것인가

하기야 요즘
출산율이 너무 떨어져 관이 움직였나

월담을 해서라도
무슨 짓거리를 하는지 보고 싶은 심정이야.

2010. 11. 12

뭘 구제하려는 건지

소 돼지
수수십만 마리가
아무 잘못도 없이 살처분 당한다

정신 나간
몇몇 축산업자
구제역(口蹄疫) 나라에 놀다 온 죄로

벼락을 맞는다
가만히 앉은 채로
소 돼지 축산업자 방역당국 온 국민이

이름이 구제역이니
뭘 구제(救濟)하려는 건지
아마도 구멍 뚫린 안보의식이 아닐까 싶다

누가 적인지도 모르는
혼(魂)이 빠진 척 하는 친북좌파에 홀려
한 구덩이에 개죽음 당하는 꼴이 될까 봐서

소 소 돼지 돼지가
죽음을 시연해 보이는가 보다
우리 꼴 되지 않으려면 정신 바짝 차리라고.

2010. 12. 30

맛없는 맛 집

맛 집이란
유력 일간지 기사 따라 찾아간 집

보통 맛도 안 돼
맛없는 맛 집이어라

점심 한 끼 값
버렸다 치면 그만이지만

내로라하는 신문
두고두고 사기꾼으로 보일 게 걱정

흰 봉투의 마술일까?
일류 요리사의 일일 출장행사일까?

그럴 리야 있으랴
아마도 취재기자의 오타(誤打)이겠지

맛없는 집의.

2010. 9. 16

맞장 뜬 노소녀

– 지하철 난투극을 보며

동영상
보고보고 또 본

처음엔
잘잘못을 가리고 싶어

나중엔
보면 볼수록 재미가 더해서

고령녀는
젊은 시절로 되돌아가 힘으로

청소녀는
늙은 시절을 가불해서 입으로

나이 계급장 뗀
알몸으로 맞장 뜬 희귀한 한 판

흥미로워
닭싸움이나 개싸움을 보는 듯

늙었거나 젊었거나
이쯤 되면 질은 발바닥 질이니

자랑할 게야
만나는 사람마다 '나 방송 탔어' 라고.

2010. 10. 11

생일 달래기

생일(生日)은
태어나면서부터 약자다
등짝에 딱 달라붙은 기일(忌日)에

금줄을 친다
부적을 붙인다
여기저기 빌고 빈다
생일이여 뒤돌아서지 말아 달라고

미역국을 끓인다
맛난 음식을 접대한다
케이크에 촛불을 환히 밝힌다
떠나갈 듯 손뼉 치며 축가를 부른다

삶에 맛들인 생일
구메구메 기일을 먹이며 달랜다
다음은 그대 몫 서두르지 말라고
대접이 융숭할수록 고개를 끄덕인다
가끔은 위협도 젯밥은 장담 못한다고

의기소침해진 기일
입 안 가득 씹어 가며 중얼거린다

실실 굿이나 보며 떡이나 먹는 게지
제사 물 건너가는 세상 서둘러 무엇하리.

2011. 2. 17

우유의 반란

지층도 아니다
잡상인 길도 아니다
오래 걸려 있는 것도 아니다
지난 수년간 일어났던 일도 아니다

우유가 증발하다니
오피스텔 도어에 걸려 있는

차라리 바랐는데
배달 아줌마의 건망증이기를

편치 않은 마음
누군가에 죄를 짓게 한 것 같아

아 아 이제야 생각났다
우유가 반란을 일으킨 거야

주인의 다이어트를 위해.

2011. 5. 13

전문점시대의 명암

다방
한지붕 아래
오순도순 살아오던 두 아들

차 커피
전문점시대라며
제각각 전문점 차려 분가하더니

차 전문점
서로서로 발길질로
차버리는지 점점 줄어만 드는데

커피전문점
서로서로 사이좋게
카피하는지 점점 늘어만 간다네

요즘 들어 부쩍
이름 짓는 집 문턱
닳아빠지는 이유 알듯 하구나.

2011. 6. 16

태풍아

네가 아니면
뉘라서
내 쓴 모자를 벗겨 한길 바닥에 내동댕이치리

네가 아니면
뉘라서
새로 산 우산을 훌러덩 뒤집어 부숴 버리리

네가 아니면
뉘라서
푹푹 찌는 단칸 골방에 시원한 바람 넣어 주리

네가 아니면
뉘라서
썩고 썩어 진동하는 윗족속 구린내 날려 버리리

네가 아니면
뉘라서
백년 버틴 고목도 방심 말라는 경고장을 날리리

네가 아니면

뉘라서
암흑시대에 신음하는 중생에게 한줄기 빛을 주리.

2011. 7. 14

학년말고사

얼마 전
74학년도말고사를 치렀다

조마조마하며
E나 F학점이나 더 못한 게 걱정돼

다행히
전 과목이 합격이란다

성적이야
해가 거듭할수록 떨어지지만

간혹 A+도 있고
향상된 것도 있을 때면 힘이 난다

어려서나 나이 들어서나
시험이라는 건 스트레스 덩어리야

이빨도 솟고
신경도 곤두서니

열심히 해

돌아오는 학년말고사도 통과해야 할 텐데

늘 긴장이 된다
퇴학 처분 당할까 봐

아직 할 일이 많이 남아 있는데.

2011. 5. 17

콩의 DNA

어릴 때
콩밥 먹는다는 형무소

이상하다 했지
그 맛난 콩밥을 어찌

콩만 줘 콩만 줘
콩밥 하는 날이면
밥 푸는 데 지켜 앉아 챙겼지

콩밥 누룽지는
어떤 것과도 바꿀 수 없는 맛

콩이라면
만주 땅 콩깻묵도 싼 비지도 좋아

아무래도
전생에 씨받이 황소였나 봐

흘레하는 맛
새끼 퍼뜨리는 맛
삶은 콩 배불리 먹는 맛 잊지 못해

피 속에 흐르는 콩의 DNA
발길은 콩국수 집으로 향한다네.

2011. 6. 13

아재냐 할배냐에 따라

어느 여인이 길을 묻는다
아저씨 ○○○를 어디로 가나요?

네! 이 길로 100m쯤 가면 네거리가 나오고
○○은행이 있는데 그 은행을 왼쪽으로 끼고
50m쯤 가면 네거리에 ○○호텔이 보입니다
그 호텔 앞 건널목을 건너 곧장 가면 ○○○가 나옵니다
아저씨답게

어느 여인이 길을 묻는다
할아버지 ○○○를 어디로 가나요?

응! 이 길로 쭉 가시오
할아버지답게

어느 여인이 길을 묻는다
저기요 ○○○를 어디로 가나요?

손가락으로 방향만 가리킨다
저기답게

어느 여인이 길을 묻는다
오빠 ○○○를 어디로 가나요?

아! 나도 거기로 가는 길이니 따라와요
오빠니까.

2010. 11. 25

21C 풍속도 1

시어머니는 숨넘어가자마자 히죽히죽 웃고
친정어머니가 돌아가시면 하루 동안 눈물짓고
애완견이 죽으면 일곱 밤낮 엉엉 울어 눈퉁이 붓는다.

2010. 9. 13

땡기는 집

십수 년
홀로 점심
변하지 않는 것 하나

이 집으로
저 집으로
늘 오락가락 하는 마음

맛 땡기는 집
값 땡기는 집
정 땡기는 집

아무래도
외로움을 타는가
정 땡기는 집으로 발길이 간다

모르리
모르리라
싸고 맛나 오는 줄로만 알리라.

2010. 11. 1

화덕

옆 자리
놓여 있는 화덕

펄펄 끓거들랑
크지나 말든지

크거들랑
벌리고 풀무질이나 말든지

끓거들랑
고약한 냇내나 내지 말든지

크고 끓거들랑
빈자리 찾아 옮기기나 하든지

화덕 노릇 안 하는지
돌이켜 보게 되는 계절이어라.

2011. 7. 4

제3부

캐딜락의 눈

모기야 모기야 1

모기야 모기야
빼앗는 짓거릴랑 말아 다오

달라면 달라면
피 몇 방울 기꺼이 주련만

가려워 가려워
살생악업 짓게 만드느냐

골똘히 골똘히
생각에 잠긴다 무장해제법.

2011. 9. 13

害正병원

인사동에는
最舊式 해정병원이 있다

2년 전에는
폐렴 치료를 무려 2개월이나 질질 끌면서도
낫질 않아 큰 병원엘 갔더니 약 한 알씩 10일 만에 완치시키더니

지난번에는
빨리 큰 병원으로 가라 할 것을 이틀 치료해 보고 하자더니
치료 하루 만에 중증 敗血症으로 확산 119에 실려 저승문턱까지

무슨 권위의식이 대단해
열이 40도를 넘어도 몇 시간씩 순서를 기다리게 하고
혈액에 세균이 무척 많군요 하면서도 바로 큰 병원으로 안 보내니

어지간한 의료시설에 임상실험도 갖춘 중견병원 믿다간
最舊式 경영방식에 까딱 잘못 걸려들면 황천 가기 꼭 알맞은 곳
동네병원이면 큰일 나겠습니다 빨리 큰 병원을 가라 했을 텐데

폐렴만 해도 하루 약 23알씩 매일 주사에 2개월 치료로도 허탕
안 되겠다싶어 큰 병원엘 갔으니 망정이지 더 질질 끌었다면

아마도 이번이 아닌 2년 전에 큰일을 치르고 말았을지도 몰라

나라면 내 가족이라면 내 친척이라면 그리 처리는 안했을 것
나이도 80줄 돈도 벌 만큼 벌은 사람이 어찌 그럴 수가
만약 이번에 저승엘 갔다면 바로 잡아갔을 게다 正義를 위하여.

2011. 8. 17

닭아 닭아

닭아 닭아
새벽 닭아 힘차게 울어 다오

네가 울어야
먼동이 터 새벽이 오건만

어찌 그리도
매정하게 나 몰라라 하느냐

못 참겠다 못 참아
이리는 더 못 참겠다 닭아 닭아

내 미리 알았다면
여기저기에 수탉 양계장을 차렸으리.

2011. 11. 하순
기약 없는 병실에서

속 타는 사람들

창문이
모두 열려 있다

추운
겨울 날씨에

수백 명이
들어찬 병원 큰 대기실

환자도
보호자도 속이 타는 모양이다

창문가에 앉은 이도
창문 닫을 생각을 하지 않는다

휠체어에 앉은 나는
점퍼에 무릎덮개를 하고도 추운데

속 타는 열기로
병원 난방비가 많이 줄겠다는 생각을 했다.

2011. 11. 중순

미안 미안 미안

건강관리 잘못해 고생 고생시키는 내 몸뚱이에 미안 미안
돌연 중환자로 쇼크를 받아 병을 얻은 가족에게 미안 미안
간병하랴 돈 장만하랴 체중까지 빠진 아내에게 미안 미안
시간마다 싸대는 똥 치우느라 고생한 자식들에게 미안 미안
문병 오느라 자기일 못하며 찾아오는 자식들에게 미안 미안
간병인에게 이것저것 잔심부름 시키는 게 미안 미안
병이 낫질 않아 노심초사하는 의료진들에게 미안 미안
정맥 찾기 어려워 시니어에게 부탁하는 간호사에게 미안 미안
입원실 오래 차지해 대기하는 환자에게 미안 미안
쉴 새 없이 걸려 오는 일가친척 친구전화 못 받아 미안 미안
오지 말라는 병문안 어찌할까 걱정하는 친지들에 미안 미안
사회에 환원할 요긴한 자금 축내게 되어 미안 미안
조상 차례 제사 못 모시게 되어 조상님들께 미안 미안.

2011. 11. 병실에서

캐딜락의 눈

캐딜락에 올라탄
오늘의 주인공은 올곧은 분이었다

두 가지 사귐의 원칙이 뚜렷한
배신자와 배은망덕한 자는 동물만도 못하다

아무리 둘러봐도 참다운 인간이 너무 적어
저놈만은 믿었는데 마지막 인사도 안 오다니

인간이란 믿을 게 못돼 줄이고 줄여 사귀었는데도
닥쳐보니 쓸 만한 놈은 별로 없으니 말이 안 나와

이승의 실패를 거울삼아 내세를 생각해 본다
분석하고 분석해 보면 좋은 결과가 나오리라 보면서

엉뚱한 망상에 사로잡힌다
누군 나쁜 놈 누군 좋은 놈 가리지 않을 방법도 있었는데

떠나는 마당에 사람을 가린다는 게 너무 서글퍼
오래오래 살아 그놈들 다 간 다음에 가면 되는 건데

그것도 마음대로 안 될 것 같네.

2011. 11. 하순

첩(妾)의 집살이

지긋지긋해
지난해 첩의 집살이

무슨 꾐에도
넘어가지 않으리라

단단히 마음먹고
잠깐 들러 약이나 구하려다

꼼짝없이
발목을 또 잡히고 말았네

눌러 있으란다
그냥 나가면 큰일 난다고

발버둥 좀 치다가
강간당하는 기분 되어

첩의 방에 감금되니
막막하구나 막막해 언제 헤어날지.

2012. 4. 26

어버이날은 없애야

효도하는 녀석은
어버이날이 따로 필요 없고

불효하는 녀석은
어버이날이 있는 줄도 모른다

어버이들은
자식이 효자인지 불효자인지 확인할 따름

구태여
불효자식 낙인찍어 마음에 상처 남기리

또한 베풀고
받으려는 것 같아 마음까지 씁쓸하네

없애라 없애라 어버이날
차라리 어버이로부터 해방의 날은 어떨까.

2012. 5. 8
병실에서 맞는 어버이날

첩(妾)의 음식 솜씨

너무나 없다
작은마누라 음식 솜씨가

상큼한 맛은
찾을 수 없고 느글느글하니

지난 두 번이야
몸도 쇠약하고 항생제 탓인가 했지만

이번에도 마찬가지
고춧가루 후춧가루 고추장 다 동원해도

첩이 잘하는 거라곤 없다
침대에 들어눕히는 재주 말고는

음식 맛없다 하면 구박받을라
만드느라 애쓰지 말고 사 먹지 사 먹자

안면 몰수하고
하루 한 끼는 본처에게 부탁도 해 가며

하루 두 끼를
이것저것 사 먹는다는 것도 피곤한 일

하기야
음식까지 잘하며 남의 첩살이 뉘 하리.

2012. 5. 18

세브란스병원 三天王

三天王이 있다
세브란스병원 입구에는

휠체어 몸이라
정면으로는 보진 못 했지만

하나는
굽은 어깨 짜리몽땅한 체구에 침팬지형

하나는
삐쩍 마른 체구에 꼿꼿한 시골 교장형

하나는
뚱뚱한 체구에 좀 세련돼 보이는 외국인

살아서
얼마나 많은 공을 세웠기에 三天王까지

죽어서도
편히 쉬지도 못 하고 꼿꼿이 선 채로

낮이나 밤이나

비가 오나 눈이 오나 정문을 지키는가

측은한 마음이 든다
어찌 사는 게 잘 사는 건지 헷갈리게 하네.

2012. 5
휠체어 산책을 하며

성형외과 전문의

성형외과 전문의일까
알렌 박사의 얼굴에 불을 대는 저 친구

빨리 가서 확인을 해야지
자격증 제시를 못 하면 혼쭐을 내리라

단단히 벼르면서
간병인을 독려해 휠체어로 달려갔지

오랜만에 호통 한 번 치려 했는데
얼굴 성형수술이 아니라 안경테 수리라

안경테 수리공한테
자격증 제시를 요구한다는 게 뭐해서

잠시 있자니 화장을 시키는 게야
그렇다고 메이크업 자격증 제시도 뭐해서

잠자코 구경만 하다가
윤기 나는 알렌 박사의 얼굴에 만족하며 돌아섰다

울적한 나날을 보내다가
큰소리 한 번 칠 찬스는 수포로 돌아가고 말았다.

2012. 5. 14
세브란스 알렌 박사 흉상(胸像) 앞에서

스승의 날의 허무

한평생 가르친
수많은 제자는 있었는데

한 놈도 없구나
스승의 날 챙겨 주는

현역이면
불이익 받을까 챙기는 놈도 있다지만

퇴역한 스승
아무도 찾아주지 않으면

어이 하리 어이 하리
허무하고 쓸쓸하고 주위에 민망한 마음

속이나 썩이려면 몰라도
허례가 되어 버린 스승의 날 두어 무엇하리.

2012. 5. 15
병실에서 느끼는 스승의 날

슬그머니 놔주네

첩도 싫증이 났나
단물을 다 빨아먹어서인가

지구 끝까지라도
따라붙을 듯 발목을 잡더니

슬그머니 놔주네
서둘러 줄행랑을 쳐야지

두 번 다시는
부르지 말았으면 좋으련만

작은마누라 변덕
도무지 예측하기 어려워

다짐하고 다짐한다
불러도 불러도 오지 않으리라.

2012. 5. 19

기마격구(騎馬擊毬)

우리나라에서
우리의 전통무예인 기마격구를 하면서

참 이상도 하다
미군은 큰 말을 타면서 우리는 당나귀만 타란다

60여 년 전에야
몸집도 작고 가난했으니 그럴 만도 하지만

이제 우리는
성인이 되었고 남부럽지 않은 부자가 되었는데

부득부득 우긴다
말을 타면 안 된다고 다른 사람도 아닌 친구라는 미국이

기마격구는
하나마나 미군이 이기고 게임도 영 재미가 없다

머릿속을 떠나지 않는 어려서 되뇌이던 말
미국 놈 믿지 말고 소련 놈에 속지 말고 일본 놈은 일어선다

미소중일에 가난한 북쪽까지

준마를 타고 신바람 나게 격구를 즐기는데
우리만 당나귀를 타야 한다는 미국이 영영 믿기지 않는다.

2012. 7. 19

좁은 구녁

엘리베이터 내리기도 전에 밀고 들어오는 얌체
아무리 좁은 구녁으로 나왔기로서니

깜박이도 없이 머리를 처박고 끼어드는 얌체
아무리 좁은 구녁으로 나왔기로서니

제 동생 대통령도 부족해 뇌물까지 챙기는 얌체
아무리 좁은 구녁으로 나왔기로서니

인권유린 눈감은 채 좋다고 따르는 종북파 얌체
아무리 좁은 구녁으로 나왔기로서니

종군위안부 인정 안하고 우겨 대는 일본 얌체
아무리 좁은 구녁으로 나왔기로서니

우리 땅 독도를 자기 것이라고 떼를 쓰는 일본 얌체
아무리 좁은 구녁으로 나왔기로서니

고구려 성을 만리장성의 일부라고 우겨 대는 중국 얌체
아무리 좁은 구녁으로 나왔기로서니

한국인 잡아다 전기고문 하고 오리발 내미는 중국 얌체
아무리 좁은 구녁으로 나왔기로서니.

2012. 8. 2

박격포살형(迫擊砲殺刑)

총살형으로 할깝쇼
아니지 인민무력부부장인데

그러면 어찌할깝쇼
머리털 하나도 남지 않게 박격포살형으로 하라우

이번에는 아주 큰 놈인뎁쇼
박격포살형도 자꾸 해보니 재미가 없어야

가장 센 무기가 무엇이지
인민무력부장이니 아주 특별해야 하지 않갔나

핵폭탄이 있습죠
그래그래 고거야 고거로 하자구나

평양시민 다 모아 놓고
내 보는 앞에서 핵폭살형으로 하는 게야

상상만 해도 아주 통쾌해
천지가 진동하고 버섯구름이 치솟을 테니까

이 광경을 본 놈치고
나한테 반기를 들 놈이 세상천지에 어디 있갔어.

2012. 3. 22

오만 원권 여인

불쌍하다 불쌍해
어쩌다 저 여인 신세가 저리되었는가

허명이야 허명(虛名)
양처도 아닌 효부는 더더욱 아닌 여인을

대단한 인물로
둔갑시켜 오만 원권에 실린 업보야 업보

뇌물인지 공녀(貢女)인지
이리저리 팔려 다니는 추악한 저 모습

우리나라에
많고 많은 위대한 인물 다 제쳐 놓고 하필이면

을지문덕 장군이라면
고구려가 지방 국가라는 중국에 쐐기나 박지

카드가 상용화 된 세상
오만 원권이 왜 필요해 상납받을 꼼수 아니라면

이래저래 나는 싫어
내 지갑에는 한 명도 없다 불쌍하고 팔자 센 여인이.

2012. 8. 1

묻지 마 흉기

흉기(凶器)가
펄펄 날아다닌다

이 사람 저 사람
닥치는 대로 찔러대며

아무리 보아도
거기엔 인간은 없다

그렇다고
그런 짓을 하는 짐승도 없다

아마도 아마도
우리 눈에 안 보이는 악한 귀신일지 몰라

그런데 그런데
웃기고 웃기는 건 법을 만들고 집행하는 자다

영원히 격리시켜야 할 흉기에
무슨 인권이 존재한다고 전자발찌 달랑 채워 버려두니

보호받아야 할 선한 인간은 피를 토하고
제 세상 만난 흉기 동에 번쩍 서에 번쩍 거리낌 없구나

흉기에 인권이라니 개도 소도 웃을 일이야.

2012. 8. 26

21C 풍속도 3

생명이 한숨을 내쉰다
세상에 믿을 놈이 있어야지

부모야 믿을 수 있잖냐
너는 뉴스도 안 보니

자식이야 믿을 수 있잖냐
너는 뉴스도 안 보니

남편이야 믿을 수 있잖냐
너는 뉴스도 안 보니

아내야 믿을 수 있잖냐
너는 뉴스도 안 보니

너 자신이야 믿을 수 있잖냐
너는 뉴스도 안 보니

생명이 중얼거린다
그래도 의지할 놈은 내 마음뿐이네.

2012. 7. 24

수탉의 근심

왕초 수탉
한 무리의 닭을 거느린
목을 쭉 뺀 채 대청마루 TV뉴스를 보다가

이해가 안가는 듯
고개를 갸우뚱갸우뚱거리다가
황급히 졸개들을 몰고 저 멀리 사라지면서

안돼 안돼
인두겁을 쓰고 어찌 저럴 수가
우리 수평아리들이 보고 배우면 안 되지

어린 것을 겁탈하고
그것도 모자라 목숨까지 빼앗다니
개만도 못한 저 같은 자손 안 나오기를 빌 수밖에.

2012. 11. 1

눈요기 눈과식

날씬한 젊은 미인의
쭉 빠진 몸매를 보면 눈요기가 되어 마냥 즐거운데

뒤룩뒤룩 삐져나온 뚱뚱보의
걷기 힘든 모습을 보면 눈과식이 되어 속이 더부룩하다.

2012. 10. 28

기저귀 인생

엄마의 자궁 나오자마자
귀여운 기저귀 차고 신나게 출발하여

대지의 자궁 들어갈 즈음
가여운 기저귀 차고 쓸쓸히 마치누나.

2013. 1. 31
아기 것보다 늙은이 것이 더 많이 팔리는 세상

21C 풍속도 5

층간소음 시비 벌어지면
위층 사람 갑옷 입어야 산다.

2013. 2. 15

21C 풍속도 6

나이 먹어 부부싸움하려면
다 큰 자식의 허락을 받아야
겨우겨우 목숨을 부지할 수 있다.

2013. 2. 23

21C 풍속도 7

자식의 이혼을 막으려면
치욕의 각서도 써야 한다
다시는 아무 참견도 않겠다는

머리 조아리며
장모는 사위에게
시어머니는 며느리에게.

2013. 2. 24

금쪽

아!
금쪽이라니

이게 웬일이야
홍삼정과에서 금이 나오다니

제조과정에서
아니면 기네스북에 오를
삼이 금을 잉태한 희한한 사건 아니야

이게 웬일
아내에게 보여 줬더니
요리조리 살피다 "이거 금니가 아니야"란다

다음 날
치과에 가 다시 붙이느라 고생했지만
삼이 금을 잉태한 상상은 아무래도 재미났다.

2012. 8. 23

외자 이름

분명히 두 자 이름인데
외자 이름으로 쓰는 데가 있다

죽음을 연상시키는
변사 임종 사체 안장 수장 조문 문상 상여 빈소 지옥

성관계를 연상시키는
성기 성교 변태 임포 강간 간통 계간 남색 후문 방사

인간관계를 연상시키는
박해 박덕 배신 나태 복종 원수 오만 원망 변심 천대

인간품위를 연상시키는
노예 천인 백정 마귀 백치 범인 맹추 맹문 허세 허풍

이처럼 자기이름이 뜬다면 얼마나 놀라리

그러나 좋은 이름도 있다
윤기 주인 선심 길조 문병 장원 사랑 연애 박사 천금
길일 정승 진정 연민 온정 임용 채택 팽창 최상 황룡
유명 장수 현명 정숙 박수 선녀 신중 이익 홍재 진전

웃기는 이름도 있다
강정 표범 여행 박제 김장 어부 주식 위장 간장 전기
안주 인세 한방 황구 추파 진상 이개 이승 장기 전주

이름 지을 때 외자까지 생각해야 하는 세상이 되었네
외자 이름을 주로 쓰던 성씨는 미래를 내다본 듯하구나.

2012. 9. 30

21C 풍속도 2

재산을 자식에게 몽땅 물려주면 굶어 죽고
재산을 자식에게 반만 물려주면 조르는 통에 죽고
재산을 자식에게 하나도 안 물려주면 매 맞아 죽는다.

2012. 3. 13

21C 풍속도 4

어려서 우유 먹고 자라나
우유주사 맞으며 죽어 가니
억울해 억울해 젖소가 울부짖네.

2012. 11. 20

21C 지구촌 풍경

비는 억수같이 퍼부어
강물은 쏜살같이 불어나고

갑자기 똥은 마려운데
허리띠는 매듭이 안 풀리고

꼴짐은 넘어가는데
소는 놀라 멀리 달아나니

에라 모르겠다
소고 꼴짐이고 다 버리고

사람 살려라 외치며
똥을 바지에 줄줄 싸면서
허허벌판에서 홀로 달아나는 꼴.

2012. 10. 7

유리알 세상

꽈다당 쿵쾅 벌러덩 버둥버둥 소리 들려오면
커튼 사이로 엿본 정형의원 하늘 쳐다보며 빙긋.

2013. 1. 6

만우절

밸런타인데이도
화이트데이도
빼빼로데이도 없던 시절

만우절(萬愚節)은
재미있는 날이었지
교무실로 뛰어가 "선생님 부르셨어요?" 하고

끼가 발동해
여기저기 전화를 걸어
"뉴스 특보 봤나?"
"북한 핵 장난하는 애가 급살을 맞았대"

환호성이 나온다
"아 그래 참 잘 됐다 잘됐다 야호!"
젊은 놈이 죽었다는데 "야호! 야호!"라니

이웃집 개가 죽었대도
"쯧쯧쯧" 어쩌다 그리 됐냐고 묻는데
개만도 못한 삶을 살아가는 게 몹시 서글퍼

아무튼 만우절에
여러 사람을 기쁘게 해 주었으니
거짓말치곤 잘한 것 같아 뿌듯한 하루였다.

2013. 4. 1

지구 엘리베이터의 몸살

초거인 태운
지구 엘리베이터
심한 몸살을 앓는다

불가마 같아
데일까 무서워
누구도 가까이 가려 하지 않는다

기우뚱기우뚱
조금만 움직여도
파도 만난 조각배처럼 흔들려

줄이 끊어질라
서둘러야 하는데 다이어트
별별 희한한 요리만 찾아 즐긴다니

티베트 사람으로
위구르 사람으로 만든
서남공정 서북공정 요리를 특히

오래 살아남으려면
저 큰 몸뚱이를 줄여야지

이상야릇한 음식만 먹고 방귀만 뿡뿡뿡

코 막은
승객들 구석에 몰려
참고 참으며 어서어서 사라지기만 기다리는구나.

2009. 7. 30

아베 쌍판대기

보기 싫은 아베 쌍판대기
왜 뉴스마다 자주 나오는지
여기저기 채널을 돌려 봐도 소용이 없다

희수가 되도록
이렇게 보기 싫은 놈은
6.25때 김일성 포스터 말고는 없었다

분을 못 참아 고민하던 중
산보 코스 중간에 일본문화원이 있어
소변을 보러 갔더니 아 이게 웬일이야

소변기에 소변기에
아베 쌍판대기가 나타나는 게 아닌가
이때다 싶어 쏴 쏴 쏴 물대포를 퍼부었지

참 웃기는 놈이야
물대포도 아닌 오줌 세례를 받고도
히죽히죽 웃고 있으니
인간 축에도 못드는 놈인가 보다.

2014. 3. 1

기억상실

자기 이름마저도 몽땅 잊어버린 끔찍한 기억상실
수십 년 쌓이고 쌓인 보물 한순간에 텅텅 빈 창고
머리만 믿고 메모를 안 하다니 스마트폰의 긴 한숨.

2013. 3. 19

여자 엉덩이

우스갯소리로 아파트 두 채라더니
비싸긴 비싼 모양 한 번 움켜쥔 놈
지위가 높든 낮든 목이 잘리고 쇠고랑

여자 값은 천정부지로 올라가는데
사내 녀석 값은 달랑 고추 한 개 값
조상제사 없어질수록 중국고추 값으로 하락

젊은 여성들 봄바람에 실룩실룩 흔들어 대는데
불쌍한 사내 녀석들 길을 가나 엘리베이터 속이나
자칫 잘못하다가 건드릴까 두려워 손 둘 곳을 모르네.

2013. 5. 16

경조사는 촘촘한 그물

경조사(慶弔事)는
고개 돌린 뺀돌이
훑어 내는 촘촘한 그물인 걸

아무리
작고 매끄러운
미꾸라지라도 걸려든다

잡힌 고기
마음 언짢아 먹지도
남을 주지도 않는다 욕먹을까 봐

내다 버린다
냄새 나는 쓰레기통에
들고양이 먹는 것도 내키지 않아

평소 친한 척
백 번 술자리 마련하느니
한 번 그물에 걸리지 않는 지혜 아쉬워.

2009. 12. 17

앰뷸런스 하늘 길

앵앵 앵앵 앵앵
앰뷸런스가 소리 소리 소리친다

비켜 비켜 비켜라
아무리 소리 소리쳐도 소용이 없다

실린 목숨
경각에 달렸는지

까악 까악 까악
까마귀도 비켜 달라 소리 소리친다

간신히 간신히
한 대 소리가 사라질 쯤이면

벌써 저만치
또 한 대가 다급히 다가온다

조급해진 혼령
빠져나와 훨훨 날아가는 건 아닐런지

아무래도 아무래도
앰뷸런스 하늘 길 하루빨리 열어야 하리.

2011. 3. 31

재미있는 회사

소리 소문 없이 다이어트가 되는 회사
입사자보다 퇴사자가 항상 적은 회사
재입사를 쌍수를 들어 환영하는 회사
퇴사를 아주 명예롭게 생각하는 회사
월급은 없고 오히려 돈을 내야 하는 회사
정년 연한이 없는 완전 종신형 회사
외출이 금지된 자유가 없는 회사
온몸을 휘감고 차 밑에 숨어 탈출하는 회사
제복은 매일 빨아 갈아입히는 회사
남녀노소 누구나 원하면 기저귀를 차도 되는 회사
남자 바지도 소변구멍이 없는 옷을 입히는 회사
굶어 죽어도 다시는 들어오고 싶지 않은 회사

2011. 11. 하순 병실에서

공중 화장실

여행을 하다 보면
뭐니 뭐니 해도 가장 필요한 게 공중 화장실이다
여행뿐이겠는가 집을 나서면 어디쯤서 볼일을 볼까
늘 염두에 두지 않으면 급한 꼴을 당하거나 실수를 한다

만에 하나
공중 화장실을 싹 없앤다면
거리는 오물이 넘쳐나 코를 막아야 하고
어떤 이는 남의 집에 무단 침입하여 용변을 보리
그러다가 항의를 하면 사람을 상하게 하기도 하고
때에 따라서는 개시도 하지 않은 변기를 망가뜨리기도 하리라

독일 같은 선진국에도 있는데
우리는 언제부턴가 공중 화장실을 싹 없애 버렸다
난리가 났다 몰래 집안에 비싼 화장실을 꾸며 놓는가 하면
돈이 없는 사람이나 집에도 화장실이 없는 사람들은 거산을 하며
남의 집에 침입 폭력 행사를 하거나 아무나 붙잡고 볼일을 보려
한다

홀로 고고한 척하는 여성 단체나
집에서만 용변을 보는 척하는 관리들아

하루빨리 적절한 곳에 깨끗한 공중 화장실을 차리게 하여
위생적으로 관리 국민을 편하게 하고 외국 관광객도 만족시켜
주어라

국토는 훨씬 깨끗해지고 폭력범도 많이 줄어들리니.

2012. 12. 27

뛰어내린 왕따야

바보야 바보야 바보야

지렁이도 밟으면 꿈틀하는데

꿈틀 한 번도 못하고

홀로 가다니 왕초 한 놈쯤은 끌고 가야지

힘이 모자란다고? 방법은 얼마든지 있지

무기도 가지가지
독약도 가지가지 화공약품도 가지가지

얼마나 어렵게 태어난 생명인데
얼마나 힘들게 길러준 부모인데
복수 한 번 못하고 홀로 떠나다니 너무 억울해

부모여! 선생들이여! 너무 나약하게 기르지 마라

왕따로 죽으려면

반드시 한 놈 이상은 끌고 가라고 가르쳐라

왕따는 사라질지니 누가 자기 목숨 걸고 괴롭히리.

2013. 3. 15

오직 모를 뿐

멀리서 온
신선인 친구가 전화를 걸어
"요즘 건강 상태가 어떤가?"라고 안부를 묻는다

"내가 아나?
의사가 아나?

땅이 아나?
하늘이 아나?

예수가 아나?
부처가 아나?

아무도 몰라
오직 모를 뿐이야"

"하 하 하 하
맞아 맞아 아무도 모르지

아무것도 모르는 인간만이
아는 체를 하는 게 맞아 맞아"

통쾌하게 맞장구를 쳐 주니
나도 덩달아 하 하 하 하 하
쌓였던 찌꺼기가 말끔히 사라진 오후다.

2014. 2. 8

바지 길이 0

고궁의 오후

눈을 의심
보고보고 또 보아도 0

바지는 샅*에서
멈춰 섰다 내려오지 못해

어색하지 않은 흰 선
통통한 좌우 허벅지 가로지른

얼마나 간절하기에
키 큰 서양인과 사는 저 한인여성

다리 길이가 지금처럼
아름다움의 가치로 기세를 부리다간

성형수술 나올까 걱정
샅을 배꼽까지 끌어올리려는 목숨 건.

* 샅 : 아랫배와 두 허벅지가 이어진 어름.

2010. 7. 26

치과 의사

잔소리다
이를 잘 닦으세요

칫솔질이 옆 방향뿐이라
아래위로도 해야 한다고 친절히 시범까지

제 나이 77살에 이 정도면
이빨 상태가 양호한 게 아닌가요

물론 아주 양호하시지요

100살도 못살 텐데
이빨만 150살 살아 무엇 하나요

그만 일어나 나가시죠.

2015. 2. 1

개천에서 용이라니

개발 개발 개발로
용 나올 개천 찾을 수 없어

쇠가죽 무두질하던
갖바치 개천도 간 곳 없고

소 도야지 멱따던
백정의 개천도 사라졌네

빨래하며 수다 떨던
까막눈 언년이의 개천도 없으니

어느 개천 있어
용 나오기를 바라겠는가

살모사는 살모사답게
구렁이는 구렁이답게 기를 일이지

억지로 용 만들려다가
몸뚱이만 큰 빈둥이 되면 어디 쓰려구.

2011. 3. 14

21C 풍속도 8

얹혀 사는 기생충 자식 위해
생명보험 든 부모의 생사(生死)

저승사자 된 자식이 좌지우지
자업자득인 걸 누굴 탓해 무엇 하랴.

2013. 2. 6

염치를 아는 노인의 공약3장

제1장 80세가 되면 대학병원엘 안 간다

제2장 90세가 되면 종합병원엘 안 간다

제3장 100세가 되면 의원급 병원에도 안 간다

자신의 힘으로 100수를 하든 200수를 하는 건 누가 뭐래
첨단 의료에 매달려 치사하게 살지는 말아야

빠른 시일 내에 입법화해서
희망찬 밝은 나라를 만들어야 나라도 살고 젊은이도 살 수 있어.

2013. 7. 31

기린아

사랑하는 연인을 기다리다 기다리다 못해
목이 빠져 버린 네 전생이 무에 부끄러우랴.

2013. 4. 25

안방 찰거머리

쭉 쭉 쭉 빨아댄다
빈사 상태의 제 어미 피를

논 거머리는
아무리 굶주려도 동족은 괴롭히지 않는데

하루 세 끼를 어김없이 빤다
일 년에 두 번이면 족한 논에 사는 놈과 달리

견디다 못한 어미가 내쫓으면
길바닥에 누워 죽는다고 엄포다
돌아다니면 먹이는 널려 있는데 젊은 녀석이

논이라면 장화라도 신는다지만
제충제도 없어 이러지도 저러지도 못하는데
나날이 늘어만 가는 뒤룩뒤룩 살찐 안방 찰거머리.

2009. 7. 27

찰거머리 엄마의 수렁

한발 한발
내디디면 디딜수록
점점 더 깊이깊이 빠져 들어가는데

아직도
깨닫지 못한다
찰거머리가 원하는 대로 가고 있음을

오히려
위안을 삼기까지 한다
떠나지 않고 자기 몸에 달라붙어 있어

더욱이
자식이 꺼내 주리라 믿는다
온몸이 잠겨 얼굴만 겨우 내밀고서도.

2009. 8. 6

가르침의 업보

콩은
콩이라 가르치고

팥은
팥이라 가르쳐야 하는 교사

콩을
팥이라 가르치고

팥을
콩이라 가르쳤지

어느 날
술이 거나해 집에 돌아가니

회초리 든
아들아이 종아리를 치겠단다

미성년자가
하라는 공부는 안하고 술 마셨다 하여

마누라는
한 수 더 떠 이번에 단단히 혼쭐을 내주란다.

2010. 6. 10

낡은 외투의 반란
–껍데기들의 자숙을 바라며

가볍길 하나
폼이 나길 하나
재산이 되길 하나

낡은 외투 한 벌
주머니에 돈을 듬뿍 넣으란다
입어주는 것만도 고마워할 판에

안 된다 하니
냉큼 벗으란다
화난 젊은이 망설임 없이 훌떡

아뿔싸! 어쩌나
바닥에 내동댕이쳐진 신세
넝마주이 오기만 기다려야 할 판

공허히
막을 내린
낡은 외투의 반란.

2009. 10. 5

중리 한두현 시 해학과 풍자론

中里 韓斗鉉 詩 諧謔과 諷刺論

-시집 ≪마중물≫ · ≪몽당연필≫ · ≪태풍아≫의 종합 평설

石蘭史 이 수 화*

〈1.〉

중리 한두현(中里 韓斗鉉, 1938~) 시인은 시전집(詩全集 1, 2卷)에 그의 전생애(全生涯)에 걸쳐 쓴 창작시집 열 권[1]의 수록시(약 1,000편)를 총망라(總網羅)해 수록한다. 그중 ≪마중물≫(제4시집, 2009. 2), ≪몽당연필≫(제5시집, 2009. 10), ≪태풍아≫(제7시집, 2012. 2) 등 세 권의 시집에 해학(諧謔)과 풍자시(諷刺詩)를 집중적으로 게재, 발표하였다. 이 세 시집이 상재될 때마다 필자는 주도면밀을 기울여 평설을 썼다. 이들 세 권의 시집 시들이 본 전집에 가감없이 수록되므로 필자는 '한두현 시의 해학과 풍자시론' 제하에 그의 당해시군(當該詩群, concerned) 총체적 연구문을 여

---

* 石蘭史 이수화(李秀和) : 名譽文學博士, 韓國文人協會 원임 부이사장, 국제펜 한국본부 원임 부이사장, 한국 現代詩人協會 고문, 한국文學批評家協會 會長,

1) 제1시집 ≪因緣≫ (2007. 2. 도서출판 문예사조), 제2시집 ≪인왕산≫ (2007. 10 上仝), 제3시집 ≪시로 쓴 자서전A, 서원의 길≫ (2008. 4. 上仝), 제4시집 ≪마중물≫ (2009. 2. 上仝), 제5시집 ≪몽당연필≫ (2009. 11. 문학과 현실),

기에 집중적으로 쓰려 한다.

한두현 시인은 시집 ≪마중물≫에서 이미 그의 해학과 풍자시의 독자적(獨自的)인 스타일(문체)과 세계를 확립시켰다.

> 『한두현 시는 골계(滑稽, comic)와 풍자(諷刺, satire) 문학의 정치적(精緻的) 핵분열(核分裂)에 다름 아니다. 골계는 즉각적인 웃음 유발술이고, 풍자는 묘사를 통해 웃음을 유발한다. 라틴어 혼합시(混合詩, sature)에서 연원했듯 풍자시는 오랜 문학 형식인데, 사회 부조리, 악습, 개인적 우행 · 위선 · 결함 등을 꼬집어 조소함으로써 골계적(comic) 효과를 거둔다. 골계(滑稽, comic), 즉 말재간(comic)이나 몸짓(슬랩스틱 · 개그)으로 사람을 웃겨 베르그송(Henri Bergson, 1859~1941)이 갈파했듯 심리적으로 해방감을 주고, 인식 능력을 개발하며, 이른바 엘랑 비탈(Alan Vital, 生命의 躍進)이라는 상상력(想像力)의 진화를 가져오는 문학 원동력이 되어 준다. 이와 같은 골계(comic)가 작동함으로써 진정한 풍자(諷刺)문학이 성취된다 하겠다. (한두현 제4시집 ≪마중물≫ 작품해설『韓斗鉉 詩의 諧謔과 諷刺性』 중에서.)

이와 같은 한두현 풍자 문학의 정체성(正體性)을 해명, 문헌사적 반증을 그의 제4시집 풍자시 백미편이랄 수 있는 ≪마중물≫ 제2부 게재시 〈골목길 소년〉을 들어 논증하고 있다.

제6시집 ≪징검다리≫ (2011. 11 上仝), 제7시집 ≪태풍아≫ (2012. 2. 上仝), 제7시집 ≪태풍아≫ (2012. 2. 上仝), 제8시집 ≪시로 쓴 병상일지, 어느 여의사≫ (2012. 8. 上仝), 제9시집 ≪몰록≫(2014. 2. 上仝), 제10시집 ≪호모사피엔스≫ (2015. 5. 을지출판공사).

뜨거운 여름날 오후
인적 드문 세 갈래 골목길에서
저만한 큰 배낭을 멘 꼬마소년과 마주친다

서둘러 앞서 가네
눈도 맞추지 않고 쫄랑쫄랑
말 건네고 싶은 마음 나타낼 여유도 주지 않고

수줍어 그럴 게야

그 생각도 잠시

그늘쪽 놔두고
양지쪽으로 걸어가다니
길 한켠에 일렬로 세워 놓은 차를 피하려는 듯

정신이 번쩍!

침묵한 게 어찌나 다행인지.
—〈골목길 소년〉 全文

예시는, 화자(話者: 서정적 自我)가 대상(골목길에서 만난 소년)을 오해한다는 텍스트 모티프에서는 소년보다 상위 시점에서 하시(下視)한다는 우월한 존재의 풍자[諷刺 · satire · 기지적(機智的) wit 웃음을 유발하고 있는 골계(滑稽, comic)일 수도 있음]일 수 있다. 그러나 화자가 소년이 화자를 오해하고(유괴범으로) 밝은 쪽 길가로 피해가는 걸 자신이 오해했다는 사실을 깨닫고 정신이 번쩍 들어 자신이 소년에게 친절한 말조차[예컨대 나(아저씨)는 아주 선량한 시인 운운)] 건네지 않고 침묵한 것이 얼마나 다행인가, 유괴범이 존재한다는 이 현실을 스스로 개탄해 마지않는 자신과 현실(우월한 자신조차 얼마나 어리석은가) 풍자하는 걸작이 되고 있는 것이다. 이 시의 풍자적 소재는 단순한 것이지만 자아 의식의 흐름을 통해 독특한 아름다움(미학)이 드러난다. 영국인 사상가 카알라일이 "유머[諧謔]의 결정적 요체가 감성"이라 한 그 실천의 성취 사례가 중리 한두현 풍자시 〈골목길 소년〉이라 하겠다. "정신이 번쩍! 침묵한 게 어찌나 다행인지(결말 두 스탠자)에서 독자가 소리없이 가슴을 치며 짓는 미소야말로 한두현 해학문학이 우리에게 주는 인식 능력 또는 상상력의 해방감 바로 그것일 터이다.

중리 한두현 풍자시집 ≪마중물≫에는 총 99편이 수록된 바, 앞에 예거한 〈골목길 소년〉에 필적하는 역작 〈시계불알〉이 있다.

똑딱 똑딱
쉼 없이 잘라 내는 소리
기나긴 세월을
너르디너른 우주를 싹둑 싹둑

어떤 이는 좀 더 빨랐으면
어떤 이는 좀 더 느렸으면 하지만

시계불알
발정한 암컷 찾는지
정신없이 왔다 갔다 하는데

거기다 대고!

—〈시계불알〉 全文

예시는 중리 한두현 사캐즘시(sarcasm詩, 빈정댐의 풍자시)의 신랄(辛辣)하고 통렬(痛烈)한 시니시즘(cynicism, 신경질적으로 비꼼)의 중자성이 극대화되고 있다. 그것은 인간의 불가지적(不可知的) 대상인 시간(時間)에 대해 안달복달하는 속류(俗類) 인간을 통렬하게 풍자하는 아우라(aura)의 극치인 것이다.

거기다 대고!

에(후말 라인 스탠자) 응결된 예시의 함의(含義)는 기나긴 세월, 너르디너른 우주정적조차 자르고 있는 거대한 존재 '시간(時間)'을 시계불알로 비하해 마침내 그것이 발정한 인간의 거시기가 된 웃지 못할 눈물겨운(사실은 우스운) 불알이 됐다는 것인데 "거기다 대고!" 왈가왈부하는 존재도 있다니! 얼마나 눈물나도록 웃기는 존재인가-인 것이다. 한두현 풍자(골계 : 해학) 문학의 이른바 "인간을 지혜롭게 거듭나게 하는" 매우 비의적(秘義的)인 아우라의 쾌작(快作)일 터이다. 시적 아우라(aura)의 기이한 아름다움이 드러나고 있는 것이다. 이와 같은 중리 한두현 골계 풍자문학은 단순 직설적인 해학(유머)이나 풍자적 차원에서 독자를 웃기는 이른바 통속화(TV개그류)로 전락치 않고 문학으로서의 기이한 시적 아름다움의 아우라로 존립한다. 그 다채로운 전개를 짚고 넘어가야 한다.(행두 넘버는 평설자용임)

① 자비심을 마중물 삼아 베품의 손길이 바빠집니다
지혜를 마중물 삼아 깨달음의 빛이 빤짝빤짝 비추어 옵니다.

―〈마중물〉에서

② 십여 년을 하루같이
돌고 도는 종묘 창경궁 산책길
벤치의 주인공 변하고 수없이 바뀐다 해도

변한들 어떠하리
바뀐들 어찌하리
예나 지금이나 한결같은 묵언(默言)의 친구들인 걸

돌도 바람도 물도 나무도 까치도 다람쥐도……
—〈묵언의 친구〉에서

③ 종지야!
네가 부러워, 네가 옳았어

아침 저녁 밥상에 올라
온 식구 사랑 받는 귀염둥이 네가

흙으로 빚어지던 시절
너를 비웃었지, 꿈이 너무 작다고 깔깔대며

너는 빙그레 미소 지으며
크다고 꼭 좋은 게 아닐 텐데 라고

(…… 생략)

왜 나는 무턱대고 큰 사발만 되려 했는지

행복을 안 너의 지혜여!
—〈큰 사발〉에서

① 은 〈마중물〉인데 펌프물 인상(引上)할 때 물 한 바가지 퍼 넣는 마중물을 객관적 상관물(客觀的相關物)로 하여 다양한 인간사를 기지(機智, wit)로써 풍자하고 있다. 기지(wit)는 말을 무기 삼아 허실의 적(대상)을 직설적으로 공격치 않고 ① 예시처럼 재치 있는 말로써 그 허실을 비판함으로써 예리한 통찰력과 투시력을 발휘한다. 당하는 대상은 차후 훌륭한 자세로 복귀할 수 있고 듣는 자는 기사회생의 교훈을 획득하게도 되는 풍자문학의 다양한 기능 중 하나인 것이다. 중리 한두현 해학과 풍자시의 다양성은 가히 천의무봉한 세계를 보인다.

예시 ②는 한두현 해학과 독자시가 날카로운 대상 비판에만 쏠리는 것이 아니라 환자의 소리 없는 풍자솜씨가 독자의 가슴에 따스한 인정 어린 미소가 떠오르게 하는 해학시다. 생활의 지혜를 토대로 하여 그윽한 관조적 미소를 떠올리게 하는 너그러움이 넘치는 해학시인 것이다. ②의 객관적 상관물 '종지' 를 통한 인간의 권력지향이나 돈의 노예인 황금풍 인종의 어리석음을 신랄하게 꼬집은 쌔타이어는 독자의 가슴에 참으로 진정성의 휴머니티를 싹트게 하는 것이다. 세기적 풍자문학의 거대 캐넌 〈돈키호테〉(세르반테스)와 같은 한 인간이 아닌 인간 공통적 허점을 개혁할 수가 있는 풍자문학의 교훈성 가득한 작품일 터이다. 특히 〈시린 무릎〉에서,

꼬꾸라질 듯 이리 비틀 저리 비틀
소아마비 청년 쪽지 돌리는 지하철 안

떨어질세라
꼰 다리 내려놓고 받을 자세 취하니

이게 웬일인가?

비켜 가네 나만, 투명 인간도 아닐 텐데

멍하니 생각에 잠기다
슬그머니 두 손을 얹는다, 시린 무릎 위에.

—〈시린 무릎〉 全文

시상(詩想)의 구성의(평균 2행씩 4개 연) 균형감 있게 구성된 전통적 동양시법 구조에 인간 존재의 번뇌와 슬픔이 잘 조화된 쌔타이어시 전형성을 보여 준다. 이 화자의 자의식적인 해학의 웃음 속에는 번뇌가 있고 허무적 웃음이 있다. 눈물 또한 무시할 수 없다. 이 촌철살인적(寸鐵殺人的) 해학성은 중리 한두현 문학의 표현의 세련미인 서술적 이미지 조소성(彫塑性)으로 더욱 빛나는 형상화 솜씨의 결과물이다. 중리 한두현 제4시집의 해학과 풍자문학론의 결론은 그의 천의무봉한 풍자정신을 그의 세련된 모더니즘 기법(이미지 조소성)에 담아 우리 독자의 삶의 지혜와 정신의 해방감에 무한대의 기여라고 결론지을 수 있다 하겠다.

〈2.〉

이제 중리 한두현 쌔타이어시의 표현 기법의 우수성을 담지하는 그 이미지 조소성 기법의 전개 양상을 제5시집 ≪몽당연필≫에서 살펴 정리해야 한다.

책상 서랍 가득 몽당연필 떠들썩
자기가 쓴 글 더 멋지다는 다툼소리.

—〈몽당연필〉 全文

제5시집 ≪몽당연필≫ 표제시다. 잠언적 어조의 촌철살인적 표현력이 독자를 유머러스한 해학 아닌 고급한 해학(Burlesque, 諧謔)으로 미소짓게 한다. 매우 간결한 상징 수법인 것이다. 연필의 긴 일생(一生)이 몽당연필이 되도록 글을 썼음에도 예시의 상징(첫 행)처럼 저렇게 자기만의 쓴 글이 멋지다는 식의 다툼이라면 그 작가 정신(영혼)의 실종을 우리는 아픈 풍자(Burlesque)로 받아들이지 않을 수 있으랴 싶은 것이다. 제5시집 ≪몽당연필≫에서의 이와 같은 중리 한두현 풍자시의 진화는 그 풍자 어조(tone)의 다양함에서 확인된다.

집집마다
대문에 조기를 다시오 조기를

방송마다
시끄럽게 외치고 또 외친다

막상 막상
국민장 영결식이 거행되던 날

눈을 씻고 또 씻고
샅샅이 찾아봐도 없다 어느 골목에도

역시 역시
대단한 불황인 게 틀림없어

달아 맬
조기 한 마리도 아까운 마음의 불황.

—〈조기〉 全文

처럼 메타 텍스트 〈조기〉가 '조기(弔旗)' 인지, 영광굴비와 같은 해산물 '조기[石首魚]' 인지조차 알쏭달쏭하게 제시한 애매모호성 또는 앰비규이티 양가성(兩價性)부터 이 풍자시는 다음과 같은 이념적 사태의 풍자시보다 그 어조에서 현격한 진화를 보인다.

> 빨치산에 놀란 기억 아직도 생생한데 너마저.
>
> ―〈게릴라 폭우〉 全文

예시 〈게릴라 폭우〉는 제2시집 게재고 〈조기〉는 제5시집 게재임을 감안할 때 그 어조의 현격성이 주목된다는 것이다. 결코 중리 한두현 풍자 시정신이 시사적(時事的) 일회성(一回性) 콩트 문화비평에 그치는 것이 아닌 진정성의 풍자문학 포에지에 토대하고 있다는 반증이라 하겠다. 수준 높은 펀[(Pun, 동음이의(同音異意)] 기법의 '조기' 와 같은 언어 미학의 어거력 구사 또한 한두현 풍자시 문학의 크나큰 버팀목이 아닌가 한다. 이 경우 제5시집 ≪몽당연필≫이 거두고 있는 괄목상은 우리 독자의 의표를 찔러 통쾌무비다 하리라. 가령, 당대 안타고니스트(反時代的) 사이비 지식인의 감정을 상하게 하는 쌔타이어의 본질은 지식인 독자의 감정을 상하게 함으로써 안타고니스트들 자신을 씨니시즘[(cynicism, 조소(嘲笑)]의 대상으로 삼아 스스로 반성케하는 데 있기 때문이다. 그만큼 한두현 풍자시학은 위트(wit)라도 언어의 곤봉(棍棒)을 휘두르는 무뢰한이 아닌 세검(細劍, rapier)으로 대상(안타고니스트)을 깨끗한 솜씨에 의해 일거에 급습해 버리는 묘수의 진화론인 것이다. 그 바라이어티를 정리해 보자.

> ① 유교집안 제사 지내기 싫으면
> 눈 딱 감고 예배당엘 나가면 되고

예배당에 십일조 내기 아까우면
날 살려라 도망쳐 뛰쳐나오면 되고

조상 산소의 벌초 성묘 귀찮으면
불교에 입문해 파내서 훌훌 뿌리면 되고

절에 가 절하기 싫으면
안 가면 그만이고

대 이을 손자 꼭 낳고 싶으면
버렸던 유교로 되돌아와 며느리 설득하면 되고

손자 얻었겠다 제사 지내기 싫으면
다시 예배당엘 나가면 된다네

빙글빙글 잘도 돌아간다
얄팍한 잇속 찾아 살기 편한 다종교 사회.

② 젊은 시절
날아오는 청첩장의 얼굴은
험상궂었지 세무공무원을 닮아
주머니도 시간도 판단도 놀라게 하는

중년 들어
날아오는 청첩장의 얼굴은
평온했지 점포 주인을 닮아
시간 내어 주머니사정에 맞게 사면 되는

노년 들어
날아오는 청첩장의 얼굴은
빙그레 웃었지 멀리서 온 친구 닮아
만나 먹고 즐기며 진 빚까지 갚게 되는.

③ 가 봐야
반길 사람도 없다
아는 사람도 없다

체면치레도 아니다
눈도장 찍는 일도 아니다
청탁을 하기 위함은 더더욱 아니다

달랑 사진 한 장
알아보는지 몰라보는지
잔잔한 미소 머금은 채 바라만 볼뿐

머나먼 길
떠나는 외로운 길손
어찌 한 잔의 송별주가 없을 수 있으랴.

④ 녹아든 봄비에
선잠 깬 개구리 고개 쑥 내밀어
물오른 버들강아지 보고 있노라면

여기저기 연달아
톡톡 터지는 소리 시끄러운 듯
종다리 하늘 높이 날아올라 지저귀고

달뜬 예쁜 아가씨
겨우내 가리어지던 몸매
날씬한 다리 눈부시게 봄바람 가르면

한창 나이의 사내
춘정(春情)에 쌍코피 터지는데
노닐던 살찐 암탉 긴장한 눈빛으로 바라본다.

예시군(例詩群) ①〈다종교 사회 속 호강〉, ②〈얼굴 바뀌는 청첩장〉, ③〈순수한 인사〉, ④〈봄 2〉이 담지한 중리 한두현 풍자시의 다양한 스팩트럼은 화려하다. ①의 거대 담론 종교에 대한 씨니시즘(Cynicism)은 우리 시대 다종교 사회에 대한 위트 넘치는 세검(細劍) 구사의 날카로움에 그 묘미가 살아 있다. ②의 첫 연에 구사된 〈얼굴 바뀌는 청첩장〉의 새라도닉(冷笑), 씨니시즘(嘲笑), 아이러니(諷喩苦笑)가 각기의 인생 세대별로 형상화한 레토릭(수사학, Rhetoric) 솜씨는 중리 한두현 풍자시 문학의 캐리어를 일목요연케 하는 절창들일 터이다. 그리고 ③〈순수한 인사〉에서는 중리의 풍자시 어조(Tone)가 가장 아름다운 풍자시 포에지(시정신)가 형상화된 텍스트이다. 풍자 예술의 사회성을 가장 예리하게 표상하고 있는 바, 이같은 풍자소재는 아무나 다루기 힘든 문학적 대상이다. 이들 예시에서처럼 중리는 인간의 정신의 아름다운 위의를 갖춰 아름다운 자아 풍자적 미학을 완수해 놓고 있는 것이다. 예시 ④〈봄 2〉의 쌔타이어는 인간의 사회학적 존재론의 비판과 감각적 시선의 여유로움이 돋보이는 형상화에 이르고 있다. 이와 같이 중리 한두현 풍자와 해학 문학은 그에 필적할 만한 김지하 풍자시 이후 가장 뚜렷한 진화를 보여오는 한국 모더니즘 시맥의 거보의 족

적을 새겨오고 있는 바, 그 적공(積功)의 총체성을 지금부터는 그의 제7시집 ≪태풍아≫의 역작군에서 상론하고자 한다.

〈3.〉

중리 한두현 풍자와 해학의 골계문학은 대상에 대한 야유·조소·비난·공격 등의 비우호적인 비판수단을 사용하지만 근본적으로는 인간과 사회의 악덕·우행·부조리 등을 고발·폭로하는 표면적[外延性] 표상과 함께 반드시 인간악의 개혁이라는 내면적[內延性] 목적을 공유한다. 이러한 한국 전통 문학적 풍자(골계) 문학은 조선조 시대의 풍자시조(諷刺時調)가 가진 우국개세성(憂國慨世性)을 중리 풍자시에서도 잘 구현돼 그의 풍자문학이 우리 전통 문학과 맥을 잇고 있다는 반증이 되고 있다. 그 휴머니티 옹호의 싸타이어 정신이 잘 녹아 있는 작품을 제4시집의 〈시린 무릎〉에서 이미 언급한 바와 같다. 따라서 한국 골계문학은 고전·현대문학 연구에서와 함께 중리 한두현(1938~)에 이르러 그 실천과 연구가 논의될 만큼 논의돼 오고 있다.[2] 그리고 이 글에서 지금까지 중리 풍자와 해학시집 ≪마중물≫·≪몽당연필≫의 당해 작품의 대표적 텍스트를 중심한 중리 한두현 풍자시의 진화전개를 논급했고, 이제 여기서는 제7시집 ≪태풍아≫에선 그 총체성을 논급함으로써 그의 시전집 당해시의 세계를 총개괄하는 글의 소명을 다하고자 하는 것이다.

---

2) 金東里, 〈국제간의 交歡으로서의 해학〉, ≪동서문학의 해학≫ 한국펜본부편, 19~70 참조. 李御寧, 〈해학의 미적 범주〉, ≪思想界≫ 1958. 11. 참조. 조동일, 〈민요에 나타난 해학〉, ≪우리 문학과의 만남≫, 홍성사 1978. 이수화, 〈한두현 詩와 해학과 풍자성〉, ≪마중물≫ 해설, 2009. 2.

네가 아니면
뉘라서
내 쓴 모자를 벗겨 한길 바닥에 내동댕이치리

네가 아니면
뉘라서
새로 산 우산을 훌러덩 뒤집어 부숴 버리리

(…… 생략)

네가 아니면
뉘라서
암흑시대에 신음하는 중생에게 한줄기 빛을 주리.

중리 한두현 해학 풍자시는 예시에서처럼 지적(知的) 통쾌미의 날카롭고도 풍자미 가득 찬 언어의 칼끝을 구사한다. 최종 연 후말 라인의 "암흑시대에 신음하는 중생에게 한줄기 빛을 주리"라고 이 시대 물질만능주의 안타고니스트들에게 태풍이라는 엄혹한 심판의 역설을, 그 골계적 본질인 아이러니의 미학을 형상화하고 있다. 아이러니는 골계(滑稽, comic)의 유사개념으로 기지(機智, wit)와도 유사한 웃음을 유발케 하는 말재간, 익살맞은 몸짓, 즉 슬랩스틱 코미디로 서양 극문학의 중심 개념이다. 예시 〈태풍아〉에서 한두현은 골계를 통해 암흑시대를 태풍으로 날려 버려야겠다는 강고한 시정신을 보이는 바, 이것이 주관적 골계미이고, 방귀 뀌는 며느리, 유부녀를 넘보는 파계승을 등장시키는 우리 고전문학의 경우 그것이 객관적 골계미로 작동돼 오는 것이다.

이처럼 한두현 풍자와 골계시(문학)는 전기시(前期詩)와 후기시

(後期詩)로 나눌 수 있는 바, 여기 제7시집 ≪태풍아≫의 세계를 후기시, 이미 살펴온 제4시집 ≪마중물≫, 제5시집 ≪몽당연필≫이 전기시에 해당한다 하겠다. 따라서 그의 전기시가 '한두현 풍자문학의 방법적 모색기' 라 한다면, 여기 그 후기시는 '그 전개와 확립기' 라 하겠다. 이 후기시의 논급에 버금가는 전기시 논급을 이후 평설글에 총괄해 보이는 것으로 중리 한두현 풍자시 문학의 총론을 마무리 지을까 한다.

독자는 우리 전통문학이나 개별적 시인 작가의 풍자와 해학 문학에 적잖이 상도해 오고 있을 터이다. 그러나 중리 한두현 시인의 사상(思想)의 스팩트럼과 상상력(想像力)의 호한무비한 쌔타이어와 해학의 형상화 세계는 보다 새로운 매소드의 세계며, 통쾌무비의 쌔타이어 구조에 거듭 놀라게 된다. 이 후기시집 〈태풍아〉에는,

어릴 때
콩밥 먹는다는 형무소

이상하다 했지
그 맛난 콩밥을 어찌

콩만 줘 콩만 줘
콩밥 하는 날이면
밥 푸는 데 지켜 앉아 챙겼지

(…… 생략)

아무래도
전생에 씨받이 황소였나 봐

흘레하는 맛
새끼 퍼뜨리는 맛
삶은 콩 배불리 먹는 맛 잊지 못해

피 속에 흐르는 콩의 DNA
발길은 콩국수 집으로 향한다네.

-라는 〈콩의 DNA〉가 있는데, 그의 이와 같은 골계정신(아이러니는 골계문학과 풍자문학에서 빠져선 안되는 요소임)이 우리 한국인의 보편 정서의 여유와 삶의 흑담(melancholy), 즉 우울증을 유쾌하게 해소시켜 주는 명약과도 같은 것임을 형상화하고 있다. 예시의 첫 스탠자와 후말 스탠자는 아이러니의 골계성 이미지이다. 수미상관(首尾相關)의 문학 메소드인 것이다. 교도소의 콩밥과 식욕으로 먹는 오늘날의 콩의 DNA가 동일한 것으로 보는 아이러니는 절묘한 풍자성을 표상하고 있는 것이다. 이어령은 이와 같은 아이러니의 극대미를(제6연) "풍자가의 입장에서 유머리스트(해학가, 필자 註)의 손을 가지고 작품을 쓰는 사람 솜씨 소산"이라 단언한다. 중리 한두현은 예시의 해학성 성취로써 유머리스트 시인 반열, 아니 그 개척시인의 반열에 떳떳한 자리 하나를 확보하게 된 것이겠다.

그러나 중리 한두현의 풍자와 해학 정신은 한 세계에만 머물지 않고 전기시의 전개서부터 풍자와 해학의 또 다른 면을 보다 선명한 이미지에 담아 촌철살인의 짧은 호흡의 시에 담기도 한다.

시어머니는 숨넘어가자마자 히죽히죽 웃고
친정어머니가 돌아가시면 하루 동안 눈물짓고

애완견이 죽으면 일곱 밤낮 엉엉 울어 눈퉁이 붓는다.

—〈21C 풍속도 1〉 全文

이 짧은 3행시의 유머(해학)는 그야말로 촌철살인적 웃음(눈물나리 만큼) 유발의 골계문학 소산이다. 해학이 보다 높은 위치에서 대상을 내려다 본다는 점에 있어서는 풍자 또는 기지(機智), 아이러니와 같은 골계성이 있으나 그 대상을 감싸준다는 한두현 골계시는 후기시의 독특한 개별성을 지니는 것이라 평가된다.

다음은 한두현 후기시 쌔타이어 세계인데 그는 늘 실험과 탐색을 통해 자신의 세계를 확대시키려 한다. 답보(踏步)를 거부하는 시인의 왕도가 그것이다. 전기시에서는 언어 조탁(彫琢)에서 보다 강고(剛固)한 풍자와 해학의 스타일을 보여 주었다면 후기시에 올수록 그의 풍자와 해학 사상(思想)은 응축(凝縮)된 레토릭을 통해 전반적으로 구상적(具象的) 초기시에 비해 사상(思想)에 기운다. 다음 ① ② ③ 풍자시의 경우가 그렇다 하겠다.

① 하늘하늘
하늘나라 싫어 내려온 눈

한 번 밟힐 땐
첫사랑의 키스인 양 수줍어하다가

두 번 밟힐 땐
의아한 눈빛으로 빤히 쳐다보다가

(…… 생략)

북녘 땅에는 눈도 내리지 않나

찍소리 못한 채 밟히고 밟히는 동포여!

② 얼마 전
74학년도말고사를 치렀다

(…… 생략)

늘 긴장이 된다
퇴학 처분 당할까 봐

아직 할 일이 많이 남아 있는데.

③ 어느 여인이 길을 묻는다
아저씨 ○○○를 어디로 가나요?

(…… 생략)

아! 나도 거기로 가는 길이니 따라와요
오빠니까.

예시 ① ② ③은 한두현 풍자시의 일품군(逸品群)이다. ① 〈눈도 밟히면〉(全文은 시집 본문 참조 바람. 이후 동일. 평설자 註)의 긴 호흡과 강고한 스타일은 반복과 명사(名詞)로 끝나는 구문(構文)과 역동적인 어조와 지적(知的)인 사고(思考)로써 얻어지고 있다. 노골적인 반공(反共)의 테마도 아니고 풍자를 통해 동포에 대한 연민 사상(思想)까지 얻고 있다. ② 〈학년말고사〉는 화자의 건강검진을 통한 지적(知的) 쌔타이어 시의 성취 사례다. 엘리엇의 사상과 감정의 통합된 감수성 미학에까지 이른 흔치 않은 자아 풍자시의 전

범일 터이다. ③ 〈아재냐 할배냐에 따라〉가 거두고 있는 사악한 세상, 선악의 인간상이 혼재해 있는 세태를 자연스러울 정도의 사실성 있게 보여 준다. 그 풍자의 정련된 회화성과 구어체(口語體) 톤(Tone)의 극적 이미저리군(群)의 흥미진진함은 인간세태 풍자의 극치를 이룬다. 풍자시인 한두현 후기시는 이 〈아재냐 할배냐에 따라〉와 〈눈도 밝히면〉에 와서 새로운 어조와 문체, 인간 삶의 원경(遠景:북한)의 인생론적 애수(哀愁)와 존재의 불안과 같은 세부(細部)를 통한 사상성(思想性) 취급은 중리 한두현 풍자와 해학시의 심화된 종합적 진화로 보여 한층 더 시인에 대한 신뢰와 미학의 매혹 사실에 존숭의 고개를 숙이게 된다. 이제 그 총체적인 기념비적 택스트에 주목하면서 척박하게나마 '중리 한두현 풍자와 해학시론' 의 결말에 이를까 한다.

빼얼건 대낮에
시빼얼건 거짓말을 관(官)이

11월 11일~12일
G20 손님 접대 삼척동자도 다 아는데

창덕궁 창경궁
대궐문 닫아걸고 내부수리 중이라니

관이라는 게
민(民)의 신뢰를 왜 잃는지 알 만하다

빼얼건 대낮에
대문 닫아걸고 낮거리라도 한다는 것인가

하기야 요즘
출산율이 너무 떨어져 관이 움직였나

월담을 해서라도
무슨 짓거리를 하는지 보고 싶은 심정이야.

—〈뻐얼건 대낮에〉 全文

이 시의 풍자적 어조와 해학적 문체는 넷째 스탠자의 추측적 문장과 셋째, 다섯째 스탠자의 과감한 은유, 그리고 넷째 연의 주제적(主題的) 압축으로 빚어진다. 전기시(前期詩)에도 해학과 풍자의 현실 개혁적 은유가 많지만 예시의 그것은 매섭고도 포복절도(抱腹絶倒)할 우국개세적 풍자의 절정이다. 영국 소설가 다니엘 데포(Daniel Defoe)의 "풍자의 목표는 개혁"이라 갈파한 명제가 딱 들어맞는 시인(한두현)의 독창적 감성과 길항주의 포에지[詩精神]에 다시금 감탄의 내심을 감추기 어렵다.

한국의 풍자와 해학 문학은 이제 중리 한두현(中里 韓斗鉉) 시인에 이르러 그 큰 장강(長江)의 한 굽이를 솟구쳐 흐르고 있다. 한국 현대 시문학 100년 사상 비할 데 없는 거보(巨步)일 터이다.

(2015. 12월 歲暮에 서울 삼개나루 樹堂軒에서)

中里 韓斗鉉 全集 1

한두현 詩 전집

哲學과 宗教

차례

哲學과 宗敎

제1부 어둠의 아들

제2부 작은 연못

제3부 호모사피엔스

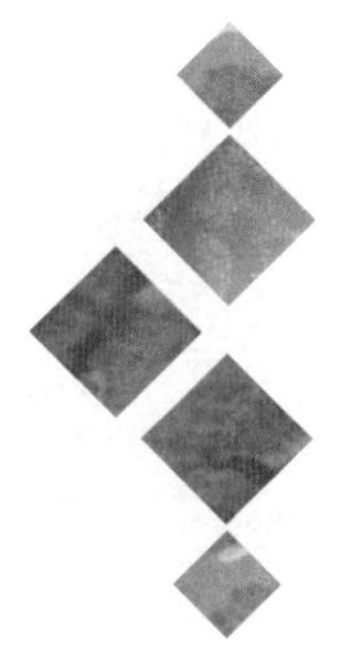

제1부

어둠의 아들

둥글둥글 대학 동기

둥그런 공의 수련원 떠난 지
불혹이 한참 지난 어느 날
며느리 보는 도반 있어
둥근 원탁에 둘러앉은 얼굴 얼굴

삭발한 승려인 양 반짝이는 머리 둥글둥글
근심 걱정 들어낸 듯 환한 얼굴 둥글둥글
강한 억양 가시 돋친 말 덕담 되어 둥글둥글
동기 모임인지 스님 법회인지 헷갈리네

수도승은 도 얻으려 일찍 머리를 깎지만
이들은 이미 득도해 저리되었는가
머지않아 둥글둥글한 나이 80이 지나
열반 들 때 영롱한 둥근 사리 나올 듯하구나.

2006. 5. 8

고독(孤獨)의 바다

고독의 쓰나미가 휩쓸고 간 자리
둥둥 떠다니는 시체는커녕
두 눈이 소용없는 칠흑의 어둠

행여 무엇 하나 잡힐까
이리저리 양팔을 휘저어 보지만
공기마저 느낄 수 없는 허무의 공간

피를 토하며 소리 높여 불러도
누구 하나 대답하는 이 없고
메아리조차 삼켜 버린 적막의 바다

차라리 이럴 때면
머리 풀어 헤친 소복의 여인이라도 나타나
맺힌 원한 풀어 달라 했으면 좋으련만

뛰어내릴 절벽도 머릴 박을 벽도 없는 공의 세계
텅 빈 머리를 쥐어짜 고독과 친해 본다
깨달음도 어차피 고독의 시체 더미가 아닐는지.

2005. 4. 7

누가 뭐래도 노인이여!

누가 뭐래도 그대는 훌륭한 마라토너
강을 이루어 흘러가는 낙오자의 눈물눈물

누가 뭐래도 그대는 불굴의 백전노장
산처럼 쌓여진 날마다 무찌른 고난의 시체 더미

누가 뭐래도 그대는 자유로운 새
무쇠가 되어버린 짐 끌던 목덜미의 멍에 자국

누가 뭐래도 그대는 삶의 도인(道人)
깃털같이 가벼워진 버림의 깨달음 얻은 바닷마음

젊은이들이 그대를 얕잡아 본다 해도
기죽거나 욕하지 마라
그대 역시 그맘때엔 별반 다르지 않았으리니.

2005. 6. 16

비의 생각

누가 뭐래도 이 지구는
우리가 주인공이거든
아주 아주 먼 옛날
살아 숨 쉴 줄 모르는 이곳을
산을 깎아 그림 같은 강과
기름진 평야를 만들고
생물을 탄생시키는 주역을 담당했거들랑

태어난 수없이 많고 많은
식물 동물 미생물을 번식시키고
그들을 먹여 살려 아름다운 이 지구가 만들어진 게지
평화롭던 이 땅에
엊그제 돌연 인간이란 괴물이 나타나
수억 년 다니던 우리 길을 막아
집을 짓고 둑을 쌓았거들랑

문제는 적반하장 격인 인간의 오만이야
남의 안방 차지해 놓고
홍수니 침수니 인명 피해니
잠시 눈만 돌려도 기우제 지내며
아우성치는 주제에

사실 뭇 생명의 어머니인 우리로서는
인간이란 일부일 뿐이거들랑

우리의 거룩한 모성애는 끊임없이 지속될 거야
물을 넉넉히 내려주고
기름진 옥토를 만들어 중생을 먹여 살려야지
이제 제발 인간의 생각이 좀 바뀌고
지혜로워지길 바래
무지하고 오만 방자한 인간
어찌나 변덕스러운지 딱 질색이거들랑.

2006. 7. 18

미소(微笑)

고사상 위 돼지 머리가
득도한 순교자인 양
빙긋이 미소 짓는다

도살장행 황소가
암소 궁둥이에 침 흘리며
헬렐레 미소 짓는다

사형 집행 기다리는 죄수가
하루를 무사히 넘기면서
씁쓸히 미소 짓는다

시한부 삶에 절망하지 마라
울부짖어 봐야 세상은 꿈쩍도 않고
그대만 동물원 원숭이 꼴이 되어 갈 뿐

목숨이 붙어 있는 한
미소 짓지 못할 이유는 없다
생존보다 더한 축복은 아직 존재하지 않기에.

2005. 5. 19

시월상달 시향제(時享祭)

햇곡식 햇과일 풍성한 시월상달
어찌, 조상 몰라라 자손 홀로 목에 넘기리

천 년 된 조상도 몇백 년 된 조상도
삼백육십오 일 오늘 만을 손꼽아 기다리는데

산소 잘 보존되고 제사 모실 자손 있으니
이보다 더 경사스러운 일 어디 있으랴

십촌 이십촌 할애비 손자 한데 어울리니
흐뭇해 하시는 조상님 표정 눈에 선해

옥색 도포, 유건 쓴 끌밋끌밋한 자손들 늘어서
홀기 따라 정성껏 지내면 향기 그윽해지는 산소

이산 저산 이 집안 저 집안
너도나도 다투어 시향제를 지낸다

이때나 오려나 저때나 오려나 긴 목 빼고 기다리다
풀 죽어 다시 들어가는 가여운 조상 없는 세상 왔으면.

2006. 12. 2

알밤 줍는 마음

유리 구슬 닮아 앙증맞게 반짝이는
평양 좀생이 도톨밤
고소하고 달디단 꿀맛이다.

혈육 한 점 없이 부임길에 요절한 증조부
자손의 성묘 길 끊김을 저어함인가
해마다 맛난 추석 선물 준비하시니
알밤 줍는 마음 애잔하여라.

배곯던 어린 시절
한 알이라도 놓칠세라 샅샅이 뒤지고 뒤져
한 알은 내 몫
한 알은 어머니 몫
또 한 알은 누나 몫
더 있으면 주머니에 슬쩍하고 싶지만
나무 꼭대기에 매달린 녀석 약속도 해라.

어린 손자 손잡고 달려온 성묘 길
여기 저기 널브러진 알밤을 줍는다.
한 알은 손자 몫

한 알은 어머니 몫

아차! 잊을 뻔 했네
지하에 계신 증조부 몫도 남겨 놓아야지.

2006. 10. 9

추석날 성묘 길

추석 차례 초대에 응하시느라
꼭두새벽 먼 길 달려오신 조상님
어찌 답방을 미룰 수 있으리오
차례상 물리면
성묘 길 시작되네

막대기 하나 들고 풀 섶 가시덤불 헤치며 15년
잘 익은 빨간 보리수 열매 따 먹고
쩍쩍 벌어져 떨어진 알밤 주우며
쑥쑥 자라나는 몸
자랑스럽게 던져 절하는 성묘 길

기차 버스 갈아타며 왕복 칠백 리 길 20년
차창 밖 유리알 햇볕에 빤짝이는 노오란 은행 잎
하늘하늘 손짓하며 반기는 코스모스 스쳐보며
당당히 살아가는 모습
자랑스럽게 던져 절하는 성묘 길

승용차 운전대 잡고 오는 졸음 뿌리치며 30년
한 해 두 해 세월이 더 할수록 늘어나는 자식 손주
오순도순 이런 얘기 저런 얘기 꽃피우며

늘어난 자식 손주 모습
자랑스럽게 던져 절하는 성묘 길

아무리 추석날 성묘 길이
막힌다 해도 떠나보면 길은 뚫려
차례에는 조상이 손님 되고 성묘에는 자손이 손님이라
조상과 자손이 주고받으며 즐기는 하루
올해도 설레이는 가슴 안고 성묘 길 떠나리라.

2006. 10. 2

아내

여린 모습 감춘
곱디곱게 자란 부잣집 외동딸
루비(ruby) 혼(婚)의 세월

작고 초라한 웅덩이
맑고 큰 호수 만들겠다는
당신의 원력 이루느라

가뭄이 오면 깊은 밤
불 밝혀 기도하고
홍수 나면 쉼 없이 정화해

빤짝이는 물고기 떼 헤엄치고
아름다운 연꽃 사이로
지나는 새들도 모여 즐거이 노니네

당신은 관음의 화신(化身)이련가
언제나 환한 미소로
호수 식구만 키워 왔으니.

2006. 12. 28

홍송 사리 속 부처님 찾기

백두 대간 깊고 험한 산속
비바람 맞으며 백여 성상 살다 간 홍송
기나긴 세월 썩고 불타다 남은 단단한 사리
맑고 짙은 솔향 뿜어낸다

어느 부처님이 숨 쉬고 계실까?
석가여래 아미타불 비로자나불 관음보살
사리 속을 뚫어지게 응시하면
어렴풋이 부처님 형상이 떠오른다

겹겹이 싸고 싼 겉옷
한겹한겹 들어내면 솔향 가득한 공간에
서서히 부처님 상호 뚜렷해져 오고
어느덧 시간은 저만치 물러나 앉는다

응시하고 들어내야
나투시는 부처님
우리 중생도 탐욕심을 하나하나 들어낸다면
몸속에 살아 숨 쉬는 부처님 찾을 날이 오리니.

2006. 5. 6

흐뭇한 제사

자정 넘어
향로 속 숯불이 향나무 태워 올리면
연기 자욱한 온 집안은
신과 사람이 만나는 성스러운 공간

아버지 어머니
손 맞잡고 열어 놓은 대문 현관 지나
까만 교의에 앉으시면
많이많이 드시라 권하는 유세차…… 구성진 소리

방 안 가득
옥색 제사복 차려입은 자손들
공손히 절 올리는 모습 바라보시며
흐뭇한 표정 지어 답례하시느라 입가에 잔잔한 미소

정갈한 음식과 술 석 잔
너무너무 약소하오나
두 돌 지난 증손자가
고사리 손으로 올린 잔 흡족하셨기에
오늘따라 하늘 높이 불타오르는
축문 지방이 너울너울 춤춘다.

2006. 4. 20

커피 잔이 깨지던 날
–커피 잔을 애도하며

너와 나의 만남
사십구재*를 지내고 다시 태어난
바로 그날이었지

앙바틈한 귀여운 자태
너무 옅지도 진하지도 않은 피부색
나는 너를 너무너무 사랑했었지

난생 처음 커피를 담아
날이면 날마다 너의 입술을 탐한 지도
어언 순년의 세월이 흘렀구나

탈싹 소리를 내며 산산조각이 나던 날
멍하니 서 앰뷸런스 부를 염도 못 내는데
홀연 귓가에 작열하는 우르르 쾅쾅 천둥소리여!

* 사십구재 : 제2인생을 마치고 49일째 지낸 의식.

2007. 1. 6

나의 서원(誓願)

한 개의 초점이 뚜렷해지더니
눈부시게 광채를 발한다
마치 새로 태어나는 신성(新星)처럼

기를 모은다
가진 것을 몽땅 털어 넣는다
몸과 혼까지도 활활 불타는 초점 속으로

어미 닭은 목숨 걸고
솔개에 덤벼들어 제 새끼 구하는데
자식 버리는 어버이는 뉴스거리도 안 되는 세상

이대로는 안 된다
씨를 뿌리고 싹을 틔워
버림받는 아이가 없는 세상을 꼭 만들어야지

말 안 들으면 도망간다
책가방 내팽개치고 울며불며 큰 소리로 어머니 찾던 공포
꿈속에 나타난 어머니 피식 웃으시며 내 일조(一助) 하였구먼.

2006. 9. 4

사모곡(思母曲)

어머니

어머니는 차라리 나의 보름달이었다
돌 때 아버지 여읜 외아들 깜깜한 밤 무서워
치맛자락 붙잡고 졸졸 따라다니던 어린 시절

어머니는 차라리 나의 태양이었다
사서삼경 통달 묻어두고 일자무식인 양
광주리 행상 해 전란 중 외아들 먹여 살린

어머니는 차라리 나의 별이었다
고희 맞아 어머니보다 더 많이 살아온 내게
버려지는 아이 없는 세상 만들라는 꿈 심어준

어머니는 차라리 바로 나였다
아주 아주 오래전 돌아가신 줄 알았던 어머니
내 몸속에 아직도 살아 숨 쉬고 계시니.

2006. 12. 22

업은 그림자

업은 그림자
그림자는 하나인데 선악은 교차하고
존재하는 어느 누구도 피할 수 없는 숙명

강한 빛이 짙은 그늘 만들고
큰 나무 큰 그늘 이루듯
크고 강한 존재의 업장 두터워

잘났다고 뽐내는 어리석은 중생
아차 하는 순간
지은 업에 눌려 헤어나지 못한다

등걸 모양의 저 고목*
가지 뿌리 다 잘라내고
겨우겨우 목숨 이어 내리니 그대는 생불이어라.

* 창경궁 文政殿 옆 수령 300년 된 朱木.

2006. 5. 5

찰나(刹那)

1.
찰나는 생명의 티끌
우주의 생애를 넘나드는 미세 먼지

티끌을 정성껏 보듬으면 반짝이는 별도 만들지만
하찮게 여긴다면 맑은 허공 더럽히는 미아 신세 되리라

2.
찰나의 티끌은 실존의 보증수표
과거와 미래를 이어 주는 생명의 다리

초읽기에 들어가서야
티끌의 참 맛을 깨우친다면 너무 늦어지리니

3.
찰나는 영겁의 거울
영겁은 찰나의 다른 이름일 뿐

찰나의 티끌 아끼고 모두어
영겁의 길 닦아 머나먼 여행 떠나리!

2005. 5. 1

자유공간(自由空間)

너른 우주 속
티끌보다 작은 몸
이리저리 부딪친다

어디 없을까
쉬고플 때 아늑한 침실
날고플 때 가 없는 창공

밤낮 어울려 하나 이루고
허기도 저만치 물러앉아 눈치만 보는
시계추 멈춰 선 공간

상도 벌도 설 자리 잃고
탐욕의 쇠사슬 걸치고는
들어갈 수 없는 공간

아랫사람도
떠받들 어른도
곧추세울 자아(自我)마저도 없는 공간

찾아 나선다
찾기를 포기한다
가슴속에 숨겨진 보석을.

2007. 1. 25

고인돌 1

이런 집을 아시나요?

허물어지지 않는 집
천만년이 지나도록 수리 한 번 안 해도

문패 없이 찾을 수 있는 집
전해 내려오는 구전만으로, 생김새가 다 달라

떠내려가지 않는 집
아무리 큰 홍수가 휩쓸고 간다 해도

침범하지 못하는 집
아무리 비워 놓아도 들짐승 하나

이끌려 간다
자석만난 쇠붙이처럼
이런 집을 볼 때마다

아름다움에 빠져서일까?
깊은 생각에 잠겨서일까?

주인공의 피
아무래도 내 몸속에 흐르고 있음이야.

2007. 8. 21

신고려장의 슬픔

말이 좋아 노인 요양 병원 새로 생긴 고려장
저승문 앞 버려준 옛고려장 차라리 인간적이지
돌아오길 바라지도 않으면서 웬 산소호흡기는
갈 자유마저 빼앗긴 채 무한정 기다려야 하는 슬픔.

2007. 8. 17

고슴도치의 딜레마

—버지니아 공대사건에 부쳐

참혹한 부끄러움
굴속에 들어가 새끼들을 몽땅
다람쥐 나라에 살러 간 고슴도치

끈질긴 촛불시위
다람쥐 실수인데 달리다 굴려 떨어뜨린 돌
밤이면 밤마다 북, 장구 치고 입에 거품 문 채

파고드는 가시털
하도 아스팔트 위 구르고 굴러
뾰족한 바늘 제 몸을 향한 지 이미 오래

켜야지 참회의 등불
북, 징 소리 지구촌 구석구석 울려 퍼지도록
광화문 네거리 움푹 파여 가시털 밑둥 닳아질 때까지

밤잠 설치는 고슴도치
뉘우치고 버려야 다시 태어날 수 있을 운명.

2007. 4. 19

새벽녘 라일락 향

– 버지니아공대 사건을 참회하며

새벽녘
눈 비비며 나선 현관 밖
밤 밝혀 꾸며 놓은 라일락 향연

잠옷 바람
슬리퍼 소리 죽여 살금살금
진한 향 이끌려 다가간 소복한 여인

작은 꽃
목련보다 진달래보다도
가진 게 얼마나 된다고 이리도 토해 내나

콘크리트 숲 속
햇볕도 맑은 공기도 늘 배고픈 자리
받은 혜택 불평 없이 몸 비워 베푸는 그대

부끄러워라, 우리 인간
툭 하면 부모 탓 사회 탓 칼 휘두르는
비우고 비울 때 나는 향 멀리멀리 퍼져 가는데.

2007. 4. 21

수평선

곧지도
평평하지도
실체마저 없는
나를 수평선이라 믿는다

아스라한
허상에
현혹된 인간들이
목숨 건 행동도 서슴지 않는다

포로가 된다
자기 자신의 밧줄에 묶이어

풀어달라고
떠들썩한 세상
알자지라*에 귀를 세운다.

* 알자지라 : 아랍권 내 가장 권위 있는 방송으로 테러리스트인 탈레반까지도 대변한다.

2007. 7. 24

오직 하나

태양이 하나뿐이라 믿는 사람들이 오직 하나에 빠진다
헤아릴 수 없이 많은 태양이 빛나는 우주는 못 본 체
오직 하나를 위한 싸움이 계속 된다, 없는 것에 목숨 건.

2007. 7. 11

다이어트 식품 : 말[言]

먹으면 먹을수록 가벼워지는 몸 하늘을 날아
쏟아지는 뭇시선의 부러움 지니며
널리널리 퍼져 나가는 맑은 향기와 빛나는 광채.

2007. 5. 17

말[言]은 분신(分身)이어라

겁 없이 내다 판다
자기 분신
한번 나가면 리콜도 안 되는

팔고픈 이 많아 어려운 세상
너도나도 바겐세일
돈 끼워서라도 내놓는다

손님 입맛 까다로워
구박받기 일쑤
밖에 나가 채이는 강아지꼴

마구 팔다 보면 여기저기서 터진다
얼굴에 퍼붓다 뺨 얻어맞고
속임수에 줄줄이 굴비 신세

파는 일 접고 사들인다
네 말 내 말로 채운 너른 곡간
복(福) 굴러 들어오는 소리 즐거워.

2007. 3. 1

사람의 몸내[體臭]

온몸이
코가 되어 맡는 내음

눈으로도 맡고
귀로도
마음으로도 잘 맡는다

천 리 밖
천 년도 뛰어 넘어
맑은 향기 발하는 사람

저 멀리
보이기만 해도
악취 풍기는 역겨운 사람

어찌 무섭지 않으랴

자기 몸내음 알려거든
눈여겨봄이 좋으리

부러워라
벌 나비 떼 모여드는 향인(香人).

2007. 3. 26

너무한 살생의 웃음

뭐 그리 좋아 환호성 울리나
살아 보려고 펄펄 뛰는 물고기 잡아 올리며

뭐 그리 좋아 웃어 대나
달아나는 놈 붙잡으러 이리 뛰고 저리 뛰며

뭐 그리 맛있다고 호들갑 떠나
입 안에서 이리 튀고 저리 튀는 감촉이

생각해 보라, 그 기분
누가 그대에 총 겨누며 낄낄낄 웃는다면

수백만 시청자 앞에서 날마다 짓는 죄
오늘도 되돌아오는구나, 저 끔찍한 뉴스여!

조상 얼 그리워라
벌레 밟힐라, 성근 짚신 신고도 외출 삼가던.

2007. 6. 22

화계사(華溪寺) 석가여래

삼각산(三角山) 한 자락
우람한 일주문(一柱門) 서 있다
한 발은 도심에 한 발은 산중에 걸치고

비빈(妃嬪) 상궁 발자취 뚜렷한 큰 절인데
대궐 같은 아파트 마다하고
작은 삼 칸 집 고집하는 석가여래

숭산(崇山)* 큰 행수(行首) 내세워
널따란 좌판 위 가득 쌓인 물건을 판다
미 영 불 독 러 이곳저곳 젊은이들 불러들여

이문(利文)이 너무 박했나
간간이 쌀이 떨어지지만
마음 배만은 부른 듯

예불시간 맞추어
법고(法鼓) 치는 파아란 눈의 상좌스님
세존상호(世尊相好) 닮아 가는 미소 띤 얼굴.

* 숭산 스님 : 국제포교를 크게 하신 대선사.

2007. 1. 29

지구

불을 뿜어 보아도
물을 부어 보아도
몸을 흔들어 보아도
나는 따분해, 직성이 풀리지 않는다

잡은 손 놓아 버려 너른 공간으로 떠나버릴까
생명줄 끊어 영혼의 자유 얻어낼까
떠돌이 큰 손님 불러들여 두터운 얼음 옷 입어볼까
나는 마음 뿐, 실행에 옮기지 못 한다

온갖 정성 다해 길러온 인간 너무 시시해
허구한 날 모래성 쌓고 부수고 빼앗는 일만
몰라도 너무 몰라,
잠시 거쳐 갈 깨우침의 한시적 수련원임을
나의 가슴 누른다, 떠나지 못한 영혼의 시체 더미가

나는 참으며 기다린다
날이면 날마다 따분함 잊을 날 오기를
깨우친 영혼 훨훨 날아 떠나는 모습 바라보며.

2007. 7. 16

중환자(重患者)실

95세 어른
뇌일혈 만나
깊고 긴 터널 속 헤매는 곳

주렁주렁
탯줄에 매달린 채
출산을 기다리는 태아들

영차 영차
검정 가운 흰 가운 나뉘어
줄다리기하는 소리 귓가에 쟁쟁

난산 난산
이 문도 저 문도 나가기 어려워
긴 잉태기 누구도 바라지 않는데

미리미리
등짐은 다들 내려놓았는지
빈 몸도 천근일 텐데 어찌 짐까지야.

2007. 2. 22

절경의 천자산(天子山)*

연약한
석영사암(石英砂巖)의 천자산
어찌 그리도 마음이 고와

내리는 빗방울
지나는 안개바람 고플세라

자기 살 베푼 지 얼마이기에
앙상한 뼈만 남은 고행상 되었나

수천 개 깎아지른 봉우리
청룡이 꿈틀꿈틀 비취색 계곡

바다 이룬 인파
찬탄의 함성 그칠 줄 몰라

베품의 아름다움이여!
오늘 두 눈으로 똑똑히 마음 새기네.

* 천자산 : 중국 호남성 장가계에 위치한 산으로 세계자연유산.

2007. 5. 30

검은 사람*

검은 사람
듣도 보도 못하던

얼굴이 검어서도
속이 검어서도
검은 옷을 입어서는 더더욱 아닌

태어나지 못한 죄
첫째 아이로

호적에도 못 오르고
중학교도 못 가는 운명

당해 보지 않고 모를 심정

검은 사람이 운다
검은 생각을 하며
검은 눈물이 강을 이룬다

이 세상 검게 물들이려는 듯.

* 중국 한 자녀 정책으로 빛 못 보는 사람 : 약 4억에 이른다 함.
현 중국 통계상 인구는 13억.

2007. 6. 5

차이나china 토가족(土家族)

장가계 원주민 토가족
정말 차이나(差異)나

혼삿날 받아 논 새색시
한 달 전부터 엉엉 울어
장만한 새 침대에 눈물 자국이 많아야 일등신부

울 것 다 울어 시집가 울지 않는다는 뜻

사람이 죽어 초상 치를 때
폭죽 펑펑 터뜨리고
노래와 춤을 추어 경축을 잘 해야 일등장례

이승 고생 그치고 저승 행복 시작된다는 뜻

마음먹기에 따라
웃어야 할 때와 울어야 할 때가 바뀌는 인간

마음 하나 잘 다스린다면
이 세상에 무슨 걱정 있겠는가?

2007. 6. 6

서원(誓願)

서원의 길
아득한데, 늘어나는 흰머리

자서전
가당찮은 줄 알지만

숨은 뜻
다지고 다져 곧추세우고파

오늘은
서원의 길

내일은
길 걷는 모습 담아낼 수 있기를.

2008. 4. 16

알찬 전업농부 365일
−15세 소년 시절

소년 농사꾼
꿈에도 상상 못한 일
6 · 25가 세상 뒤집어 놓기 전까지는

눈물로 얼룩진 봄
형 믿고 중학모 쓴 친구들 바라보며
아무리 공부 잘해도 딱히 길이 없던 전시(戰時)

새로 지은 집
USOM*이 보내 준 고마운 나왕목으로
대목(大木)의 조수되어 구석구석 내 손이 간

정직한 농사
논밭에서 흘린 구슬땀 헛되지 않아
다음해 농사자금 진학비 겨우겨우 마련돼

뜻밖의 강원도 내 2등
중학입학자격 국가고시, 공백기 2년 뛰어넘어
밤에 틈틈이 읽은 간단한 문제집 한 권뿐인데

알찬 전업농부 365일
길고 긴 마음속 시간 견디고 견디어
깊이깊이 새겨 놓은 삶의 철학 아직도 빛이 나는.

* USOM : United States Operations Mission 미국대외원조기관.

2007. 7. 21

역겨운 스루메* 냄새

처음 맡는 냄새
1 · 4후퇴* 피난길 노숙하던 첫날밤
활활 타는 모닥불에 던져진 무엇이 타는

스루메 어쩌고저쩌고
쫑긋 세운 귀에 들려오는 소리
코를 찌르는 내음 참기 어려워

몇 해 지나
스루메의 정체 밝혀졌지만
굽는 냄새 비호감(非好感) 영영 역겨워

먹는 것은 좋다
혼자 먹으려면 냄새는 피우지 말아야
이웃 배려 못하는 인간 그때나 지금이나 태풍의 핵.

* 스루메 : 오징어의 일본말로 해방직후 널리 쓰임.
* 1 · 4후퇴 : 6 · 25전쟁시 중공군의 남침으로 인한 1951. 1. 4
유엔군의 후퇴를 일컬음.

2007. 6. 21

죄(罪) 적게 지을 찬스

하루 더 살면 사는 만큼 늘어나는 죄
삶의 마무리가 길[道]이라는 신념의 시절
홀어머니 외아들 죗값 계산하다하다 못해 놓쳐 버린 찬스.

* 고교 시절 인간의 행동이 액비통의 구더기같이 더럽게만 느껴져 죄를 조금이라도 적게 지으려면 자살이 최선이라는 생각에 깊이 빠졌으나, 외아들이 홀어머니에 지을 무거울 죗값 어찌할 바 몰라.

2007. 5. 4

송영대(送迎臺)

꾸뻑 꾸뻑 꾸뻑
뒤로 돌아 절하고 손 흔드는 60년대 진풍경
김포공항 2층에 마련된 송영 대위 배웅 나온 일가친척 향해
돌아올 때 다시 한번 트랩 내리며 손 흔들면 마중단 환호성

해외 연수
1달러도 아끼던 68년도 더 큰돈 벌기 위해
낮은 품질 저생산성의 옛 기술 시설 보내고
높은 품질 연속대량생산의 새 기술 시설 들여와 익히려
기술인생의 전환점 이룬 나라 안 일번타자 되어

더듬 더듬 더듬
홀로 공부한 일본어 겨우겨우 의사소통
두 달 지나니 그런대로 불편함 못 느껴
기술도 배우고 외국어 하나 마스터한 알찬연수

돌이켜 본다
송영대 사라진 지도 옛날
그 위에 서 있던 분도 떠난 이 너무 많아

옛것 보내고 새것 맞이함

너무너무 빨라진 세상 속
깊이깊이 간직해야 할 보배 하나

우리의 혼(魂).

2007. 7. 28

마음 무거운 영상(影像)

떠나다니
공고 나온 30대 초반
돌고 돌아 들어온 지 얼마 안 된 전기사원

큰 고함소리에
아무리 놀랐다 해도
며칠 빠지다가 부음 보내올 줄이야

용접 불똥
마구 쏟아져 내려
급한 마음에 공장 떠나갈 듯 소리쳤지

지병 있어
투약 중이었다지만
어찌 일갈(一喝)에 그런 일이

지우려 하면
더욱 선명해지는 영상
업의 그림자는 질기고 무거워

그대 극락왕생하소서

지워지지 않는 업장(業障)
마음속 깊이 담아 다시 태어나리니.

2007. 3. 20

승벽(勝癖) 강한 덕에

이길 때까지
또 또 또 날이 저물도록
유명한 승벽 "아무개 하고는 게임을 하지 마"

따지지 않는다, 잃은 놈은
이왕 못 고칠 것이라면

따져본다, 얻은 놈은

열심히 살았다
공부도 일도 남에게 지기 싫어

분수껏 살았다
남보다 못 할 것은 시작도 하지 않고

노름을 안했다
이기기보다는 지는 게 많은 사행성이라

게임을 피했다
바둑도 골프도 늘 이길 수만 없기에

절약된 시간 돈

독서 조각 등산으로 이어져
타고난 승벽 승화시켜 살아온 삶

후회 없어.

2007. 9. 21

이런 여자가 아내라면

깐족깐족 남의 속을 긁어야 직성이 풀리는 여자

꼬투리를 잡아 싸움하기를 좋아하는 여자

토라지면 며칠씩 말하지 않는 여자

화를 내면 더 큰소리로 대들어 이기려는 여자

고집이 세고 말 안듣는 질투가리 같은 여자

상대방을 깎아내리려는 여자

불평불만이 많고 늘 우울한 여자

금방 한말도 안했다고 딱 잡아떼길 잘하는 여자

사정을 뻔히 알면서도 무리한 요구를 하는 여자

나는 이미
저 세상 사람
이런 여자가 아내라면, 나의 아킬레스건인

늘 감사
내 수명의 버팀목이 되어 준 아내에게.

2007. 8. 14

한 우물 35년

졸졸졸
맑은 샘물 소리 이끌려 찾아간 청춘
너도나도 몰려들어 큰 도시 이룬 명당자리

콸콸콸
거대한 펌프로 빨아 올려 상수처리 하수처리
어느덧 반백 된 청춘, 나라 안 첫손가락 기술자 되어

줄어드는 지하수
도시 사람들 하나둘 다른 곳 눈 돌릴 무렵
새로운 삶 살고픈 청춘, 시장 자리 내어놓고 홀연히 감춘 자취

우담바라(udumbara)*
꽃봉오리 맺히기 기다렸다 피땀으로 보듬어 키워
활짝 핀 기쁨 함께 누리다 오므라들 무렵 떠난 듯이

너무나 절묘하여라
생체리듬 곡선 따라 움직인 한 우물 35년의 역사여!

* 우담바라(優曇華) : 인도에서 3000년 만에 한 번씩 꽃이 핀다는 상상의 식물.

2007. 7. 27

각공(覺空) 법명을 받으며

나의 법명(法名)
각(覺) 깨달을 각
공(空) 빌 공

놀랐다
뜻이 너무 벅차다는 느낌
독실한 불자 아내 덕에 앉아 받은 것인데

송구했다
계(戒)도 안 받은 처지에
숭산(崇山) 큰 스님이 지어 주시다니

흐뭇했다
이승깨달음의 예시 같아
석가모니의 열렬한 팬으로서

각공(覺空)은 아직
각공(刻工)은 진행 중

각공(刻工)이 불상을 조각한다
각공(覺空)에 이르고자

오늘도.

2007. 9. 21

조각의 길

비누조각의 만남
아이들 학습과제 거들다
만들어진 형상에 매료된 나

흘러온 세월
바쁜 시간 쪼개어 틈틈이 즐기며
여기저기 헤매다 썩다 남은 홍송 고사목에 빠져

세워진 5불 원칙
不組立 : 조립하지 않으니 통째로
不塗色 : 도색하지 않으니 흠 없어야
不師事 : 사사받지 않으니 마음 가는 대로
不評價 : 평가받지 않으니 편안한 마음으로
不性急 : 서두르지 않으니 느긋한 마음으로

그대는 좋은 도반(道伴)
언제나 마음을 편하게 이끌어 주는
언제나 만나고 싶을 때 만날 수 있는
언제나 반겨 맞아주는
언제나 정신을 맑게 해 주는
언제나 아무 부담도 주지 않는
언제나 시간가는 줄 모르게 해 주는

언제나 하고 싶을 때 일감을 주는
어디 간들 그대 같은 좋은 도반 만날 수 있으리

조각의 길에 피어나는 향기여!

2007. 8. 11

조각, 한 불상시대를 열며

불상
나의 조각품
경배 대상이 아닌 아주 친근한

반가사유상
내 운전석 앞자리 조그마한
보면 볼수록 정겨운 행운의 마스코트 같은

아담한 불상
붙여 만들지 않은 통나무 자연색의
책상 위 식탁 위 장식대 안 어디에 놓아도 어울리는

불상 하나
집집마다 사람마다
친구로서 호신불로서 손때 반질반질 묻을수록 더 좋은

조각한다
오늘도 한 불상시대를 열어 나가며.

2007. 8. 15

당신이 있기에

– 부처님 오신 날에 부쳐

석가모니 大兄!
참 잘 오셨습니다

나는 당신의 팬입니다

당신이 있기에, 나는 삶이 자유롭고 윤택합니다
당신이 있기에, 나는 스스로 주인임을 확신하게 됩니다
당신이 있기에, 나는 어느 누구의 노예 되기도 거절합니다
당신이 있기에, 나는 마음이 너른 공간으로 달려 나갑니다
당신이 있기에, 나는 혼자라도 외롭지 않습니다
당신이 있기에, 나는 어떤 것도 두렵지 않습니다
당신이 있기에, 나는 많은 것이 필요치 않습니다
당신이 있기에, 나는 어떤 미물 위에도 군림하지 않습니다

당신이 있기에, 나는 우주를 다 얻은 부자가 된 느낌입니다.

2007. 5. 23

어려운 점심(點心)

홀로 생활
이리 기웃 저리 기웃 눈치 보며
마음에 점 하나 찍으면 된다는 점심 어려워

묻기도 한다
한가할 때 들어가 혼자 와도 되는지
뻔한 답을 기다리며, 한시 반쯤 오라는,

찜찜한 기분
돈 내고 얻어먹는 듯한
남에게 폐 안 끼친다는 자부심마저 구겨가며

맞는 음식
알맞은 시간대 찾아 발로 뛴 10여 년
헛되지 않아 얻어진 노하우로 겨우겨우

굴리는 머리
열두시 지나 사무실 나가려면
뱃속 요구메뉴 뒤로하고 음식점 먼저 떠올리며

기분 좋은

점심 한 끼도 만만찮은데
마음에 점찍을 만한 도반(道伴) 찾아내는 아름다운 중생.

2007. 4. 23

조각도(彫刻刀)

시퍼런 칼날
잘도 도려내고 돋아낸다
부처님 형상 어느덧 뚜렷해져

어디에 있을까?
마음 다듬는 조각도
어리석은 중생(衆生) 깨어나게 하리.

2007. 4. 2

중리(中里)의 숨은 뜻

나의 아호(雅號)
가운데 중(中)
마을　리(里)

리(里)에서만 살아온 시골 사람
상왕십리 출생
노림리 성장
왕십리 고교
청량리 대학
수유리 제2, 3인생

마을(里) 가운데(中)서 도를 닦는 사람

중(中)용의 이(理)치를 실행하고 싶은 사람

중[僧]의 이(理)치를 깨우치고 싶은 사람

공자를 닮고 싶은 사람
공자님의 자(字) 중니(仲尼)와 비슷한 발음

뜻이 깊은 만큼
실천이 어렵고 어려운 호(號)여라!

2007. 9. 20

온몸으로 지켜 낸 집안종교

집안종교
어려워 어려워 지켜내기
홍수에 무너지려는 둑만큼이나

이단자
단 한 명도 없어
정성껏 조상제사 모시는데

설법 또 설법
자식 아주 어릴 때부터
숭고한 사명을 띤 성직자 되어

큰 보람
어려웠던 만큼

집안 되어
조상이 가장 편안한
종교 갈등이 없는
노예 아닌 주인의식을 누리는
우물 속에 빠지지 않아 넓은 시야로 살아가는
오직 하나의 편견에서 벗어나 세계평화에 기여할 수 있는

꼭 지켜내리
손자 증손자 고손자 ……………… 도

집안종교.

2007. 9. 22

숭조(崇祖)빌딩

숭조빌딩
변두리 아담한 5층 건물
대대로 제사모실 재원 장소 제공할

합유(合有)등기
자손 만장일치만이 의결 가능한
못된 자손 몇몇에 숭조사업 훼손되지 않도록

기막힌 세상
조상흔적 지워버리려는
사당은 옛말 산소마저 귀찮다고

어찌 소홀히 하리
편안한 집에 살면서 조상의 집을

어찌 굶주리게 하리
배불리 잘 먹고 살면서 제삿날에

지키련다
기틀 마련하여 내 힘으로
산소도 제사도 당신이 생전에 하시던 대로

찾는다, 행복을
조상의 안락 속에서.

2007. 10. 1

음 3월이 지나야

토(吐)한 붉은 선혈 가슴 가득 안은 채
철쭉 좋아 산으로 들어가신 아버지

어린 자식 발목 잡혀 견딘 30년
진달래 꽃길 따라 서둘러 떠나신 어머니

음3월은 산속 어버이의 달
조마조마 부정(不淨) 탈까 마음 졸이는

피치 못할 조문(弔問)은 있지 않을라나
집안 우환은 있지 않을라나
혼사(婚事)는 겹치지 않을라나

한 번의 궐사(闕祀)도 아직 없어
죄지을 새 좁아 저승 복(福)은 많이 받으셨나 봐

열두시 넘어 소리 낮춰 읽은 축문
6 · 25동란의 피난길에서도
이집 저집 기나긴 셋방살이에서도

안도의 숨 내쉰다

진달래 철쭉 축제 지나서야
올해도 따뜻한 진지 해 드렸다는 뿌듯함에 젖어.

2007. 4. 30

졸지에 저승사자

부음(訃音)
96세에 돌아가신 금호동 할아버지

바로 저분이었어
오늘 새벽 1시쯤 저승사자 인솔한
성당 다니는 외손부 또렷또렷이 설명한다

자정 지나
할아버지 뵙고 방에 들어가 잠시 졸다 꾼 꿈
벨소리에 현관문 여니
저분이 검은옷 입은 두 사람 데리고 와 잠깐 뵙겠다고

돌아간 후 화들짝 놀라
허둥지둥 가 보니 이미 숨을 거둔 뒤

며칠 전 세배차 방문
대소변 냄새 진동하는 걸 보며
"이제 그만 가셔야겠구먼" 뱉은 말
현실로 나타난 것도 죄스러운데
졸지에 저승사자 인솔까지 한 셈이라

이승과 저승 칸막이나 있기나 한 건지
자유로이 넘나드는 영혼이어라.

2007. 5. 12

어둠의 아들

아버지는 차가운 땅속에서 내 걸음마를 지켜보아야 했다
어머니는 어린자식 땜시 따라가지 못함을 늘 한숨지었다
나를 끔찍이도 사랑하던 외할아버지가 세 살 때 떠나고 나서
몇 해가 멀다 하고 가까운 피붙이들이 어둠속으로 사라져 갔다
언제부턴가 산 사람보다 간 사람에게 더 친근감을 느끼면서
제사는 확고한 신앙으로 마음속에 자리하였다

배움을 뒤로한 채 굶주린 배를 움켜잡고 나무지게를 지던 시절
칠흑 같은 밤에 험준한 고개를 넘을 때면 차라리 눈을 감고
마음속 길을 따라 걸어야만 했다
다가오는 수차례 죽음의 문턱에서도 좌절이나 절망이란 단어는
오히려 사치일 만큼 어둠은 이미 나의 친구였다

태양의 자식들이 어쩌다 한발만 어둠 통에 빠지는 날이면
큰일이라도 난 듯 호들갑떨며 스스로 헤어나지 못함을 보면서
그들을 부러워하거나 시기질투하지 않을 수 있었다

어둠이 좋아 어둠이 편안해 몸을 깊숙이 감춘 채
어느 때는 팔뚝 하나 어느 때는 발 한 짝 내보이며 살다 보니
누구는 나를 팔뚝 같다 하고 누구는 나를 발 같다 한다

이제 컴컴한 동굴을 벗어나도 좋으련만 썩 마음이 내키지 않아

오늘은 입만 내밀어 보고 내일은 귀만 내밀어야지 하며 산다
아무래도 나는 밤하늘에 반짝이는 저 별을 너무 사랑하나 봐

어둠속 빛나는 별!

2008. 1. 10

서원의 길

씨
뿌림
묘판위
새싹가꿈
묘목옮겨심음
나무키워열매맺음
과실의우수함드러남
나라안곳곳에널리퍼짐
지구촌나라마다주문몰려옴
인류의진정한평화행복이루어짐

묘판 마련해야
귀중한 씨앗 뿌릴
재단법인 가족문화재단 만들어

열매 먹어 봐야
프로부모제도의 도입으로 얻어진
우수인재 육성으로 3등 인간 없는 세상의

구호가 아닌 실행
이론만이 아닌 현장실습
신에 의존이 아닌 인간의 존엄성으로

인류의 참다운 길
하루 빨리 열리기를 간절히 바라는.

2007. 8. 16

혼령(魂靈)과의 교감

깨어보니 새벽 3시

멋진 코트 걸친 재종형수 뽐내는 꿈
몇 해 동안 나타난 누더기 옷 벗어던진 채
질척질척한 돼지우리 즐비한 누추한 마을 속

이장한 날 밤, 산 마련해
퉁퉁 불은 관 속 헤엄치던 끔찍한 형상
끈질기게 꿈속 나타난 절박한 심정 눈물나

살아생전 그리도 믿더니
저승 어려움 풀어 달라 매달린 정성

장담하지 마라
무엇은 있고 무엇은 없다고

아는 것보다 모르는 게 더 많은 삼천대천세계.

2007. 5. 10

제2부

작은 연못

가짜의 허무

진품명품 프로를 보다 모두들 깜짝 놀란다
진짜 같은 멋진 큰 청자는 가짜
꾀죄죄한 가짜 같은 놈은 진짜
홍당무가 된 큰놈의 임자 후회한다
"그냥 집에 놔둘 걸 괜시리"
묘비에나 써야 할 가짜 학력 가짜 박사 내두르다
무너지는 저 허무.

2007. 9. 4

시로 말한다

하루의 느낌도
기나긴 역사도
잘못의 참회도
감사의 표현도
잘잘못의 비판도
말 못할 사연도
여정의 그림도
마음의 흐름도
전생의 단편도
내세의 예측도

돌 나무에게도
달 구름에게도
빛 소리에게도
새 들꽃에게도
신 정령에게도

꿈을 꾸면서도
밥을 먹으면서도
길을 걸으면서도
떠오르면 단숨에
막히면 며칠씩 쉬었다가

부드러운 말 영혼의 속삭임으로
무엇이나 누구에게나 언제 어디서나

자유로이.

2009년 새해 아침
각공서재에서
中里 한 두 현

딴 세상 사람들

–신뢰가 무너진 세상

고대광실(高臺廣室)
솟을대문 너무너무 높아
영영 속을 알 수 없는 딴 세상 사람들

저들은 우릴 우습게 안다지
저들은 값비싼 한우만 먹는다지
저들은 만사형통(萬事亨通)한다지

저들은 저들은 하는 사이

바람난 황소 한 마리
아랫마을에 나타나 미친 듯이 펄펄 날뛴다

양철집에 사는 노란 모자 쓴 사람들
횃불을 치켜들고 졸졸 황소를 쫓아다닌다

슬레이트집에 사는 빨간 모자 쓴 사람들
딴 세상 사람들 잘못이라 내쫓겠다며 우르르 몰려간다

기와집에 사는 파란 모자 쓴 사람들
대청마루에 앉아 될 대로 되라는 듯 무관심하다

불바다가 되는 날
누구의 집도 남아나지 않을 텐데

혹 딴 세상 사람들은 딴 생각하는 게 아니야?

2008. 6. 19

부조(扶助)

나
부조 맞아?

뚝
잘라 먹기 일쑤니
상부상조(相扶相助) 어딜 가고

차라리 쓰든지
"보시(布施) 바라오니 적선합쇼"
"축재(蓄財) 원하오니 한 몫 줍쇼"

나의 명성
얼마나 아름답고 높았는데
받으면 대(代)를 이어서라도 꼭 갚았으니

참 이상해
나 욕먹이는 자들
더 있는 자, 더 배운 자, 더 힘센 자들이니 말이야

빌고 또 빈다
돈통에 들어온 봉투들이 합장하며

제발 우리들의 명예를 더럽히지 마옵소서

불쌍한
인간들이여!

2007. 10. 23

호접란 떨어지던 날

붉은 자색
향기 뿜던 한 송이 호접란
삐쩍 마른 대궁 끝 홀로 피어

긴긴 목숨
무더운 여름 비바람 견뎌 낸
현관문 밖 대뜰 위 외로이 지켜 선 채

당당한 모습
올겨울은 끄떡없으리란 믿음까지 주던

갑자기 떨어지던 날
사람들만 모여들어 웅성거릴 뿐
드높이 푸르른 하늘 누런 들판은 아는지 모르는지

땅에 묻는다
꽃을 대궁을 죽음을 생애를

무엇을 슬퍼하리
다시 태어나리니, 비어진 화분에

그대 똑 닮은
꽃!

* 95세까지 고고히 사시다 혼수상태 256일간을 버티신 빙장 어른을 애도하며.

2007. 10. 14

경험

나는 무쇳덩어리

무거웠지
백년 천년이 지나도 끄떡없이

한없이 쪼그라들어, 요즘
산성 비바람 어찌나 세차게 때려 대는지

부딪친다, 이리저리
불어 닥치는 최첨예 태풍에
나를 신앙처럼 믿고 부둥켜안은 인간들

버려라 버려야지
나를

날아라 날아야지
훨훨

온 세상!

2007. 9. 28

49재(齋)

목이 메어
목이 메어
넘어가지 않는 잿밥
어찌나 차고 빼센지

어이 할꼬
어이 할꼬
이걸 드시고 그 먼 길을
쇠약해진 고령의 몸 이끌며

49일 동안
따끈한 조석상식 한 번 없어
그리도 좋아하시던 약주 한 잔
그리도 잘 잡수시던 고기 한 점 못 드신 채

깊은 상념에 젖는다
창 밖 차가운 달빛 바라보며
내 복통 소화제로 다스린다만
저승길에는 약방이라도 있을는지.

* 빙장 어른의 무거운 발걸음을 느끼며.

2007. 11. 28

어느 생과수댁의 인과(因果)

어린 시절, 보며 자란 이웃마을 생과수댁

봉두난발
낳아 놓은 삼 남매 목숨 구하려
논밭 팔아 떠나버린 바람둥이 사내 미워할 겨를도 없이
수치심 꺼억꺼억 삼키며
죽도록 일하고도 죽도 고픈 가련한 신세

언젠가 고향엘 내려가 보니

다 자란 아이들 곁에
비실비실 겉도는 병든 중늙은이 들어와
마누라 구박 아이들 눈치 보며
쥐죽은 듯 사는 뻔뻔한 사내

얼마 안가
사내는 돌아오지 못할 먼 길 떠나
생(生)자 떼어 버린 과수댁 장수하며
효도 속에 뿌듯한 여생 즐기니

저울 같은 인과율(因果律)이어라
일 많이 하고 적게 누림은 복(福)을 부름이오

일 적게 하고 많이 누림은 화(禍)를 부름이란

볼 적마다
장하게 살다 간 생과수댁 떠올라
늙어 TV에 나와 용서를 비는 추한 모성
젊어 고생 못 참아 어린 자식 내팽개치고 달아났다가

의외로 공평한 세상이어라.

2008. 2. 18

도(道)

나를 모르는 이
잘난 체 너무 말이 많아

나를 아는 이
상대방이 듣는 만큼만 얘기해

나를 통달한 이
상대방이 묻는 것만 대답해

나를 넘어선 이
묵언의 말만 하지.

2007. 9. 20

아쉬움의 독백

고마운 줄 몰라
나를 먹으며 자라나는 인간

불평불만뿐
나를 만나면 큰일이나 난 듯

누구 덕에 세상 살아가는 지혜 배우는데

누구 덕에 뜻을 세워 분발하는데

누구 덕에 아련한 추억이 쌓이는데

누구 덕에 참다운 인격이 형성되는데

내가 없는 세상
얼마나 삭막할까 알아야지

믿기지 않거든
뒤돌아보라

내 고마움 느끼리.

2007. 9. 27

백신(vaccin)

올겨울
피해 가리, 독감

온몸
아프지만, 예방주사 덕에

덜
아프리

맞으면
인간고뇌의 예방주사

숙성시킨
설산고행 6년간

108번뇌의

백신(vaccin).

2007. 10. 17

물

나
득도(得道)한 게 아닐까?

이 한 몸 던져
생물의 먹이가 될 때 가장 보람을 느끼질 않나

무소유(無所有)가 좋아
거처할 집도 모아 놓은 재산이 있길 하나

운수행각(雲水行脚)을 즐겨
하늘과 땅 어디에든 거침없이 다니질 않나

명예를 탐하지 않아
사람이나 바퀴벌레나 어느 몸속도 똑같이 여기질 않나

태어나지도 죽지도 않아
잠시 잠깐 형상만 바뀔 뿐 늘 제자리로 돌아오질 않나

이 땅의 형제들이여!
나의 분신(分身)답게 도(道) 이루어 봄이 어떠한가?

2007. 11. 27

끈 1

끈 끈 끈
알고 보면 얽히고설킨 끈으로 엮인 세상 속 인생

만유인력의 끈, DNA의 끈, 전파의 끈, 광파의 끈
사랑의 끈, 미움의 끈, 자비의 끈, 탐욕의 끈
선업의 끈, 악업의 끈, 전생의 끈, 현세의 끈, 내세의 끈

보이는 끈, 보이지 않는 끈
느낌이 오는 끈, 느낌이 오지 않는 끈
거미줄처럼 가는 끈, 동아줄처럼 굵은 끈

어느 것 하나
소홀히 할 수 없는 중요한 끈 끈 끈

어떤 이 파리 한 마리 죽이면서 끈 끊어지는 소릴 듣는가 하면
어떤 이 히히덕거리며 펄펄 뛰는 물고길 씹어 삼킨다

바른손엔 천상의 끈 왼손엔 지옥의 끈 쥐고 태어난 중생
선업 못 지을망정 어찌 악업 지어 지옥의 밧줄끈 만들려는가?

끈을 알면 언젠가
얽매이지 않는 조율의 삶 이루어지리니.

2008. 3. 31

발우공양

밥알 한 알 기름 한 방울도 찾을 수 없이 깨끗한 설거지물
열 명이나 백 명이나 하나같아, 발우(鉢盂) 씻은 물까지 마시니
걸식하여 얻은 음식 이리도 소중히 여기는 것, 부처의 가르침
우리 인류 68억 너도나도 따라 하늘 땅 가득 향기로 채웠으면.

* 발우공양(鉢盂供養) : 스님이 사용하는 식기를 발우라 하며 공양은 음식을 먹는 행위를 이르는 말.

2007. 9. 5

고인돌 2

멀고 먼 옛날
한번쯤 살아본 듯한
가슴 설레게 하는 낯익음

아름다운 조각품이다
너무나 잘 어울려 더 자연인 듯한
어느 위대한 신의 손이 하늘과 땅을 멋지게 이어 놓은 수작

영차 영차 영차
너울너울 흰옷무리가 보인다
수십 톤의 바위 굴러가는 둔탁한 소리 은은한데

우뚝 솟은
늠름한 석상(石像)이 보인다
묘비(墓碑) 공덕비(功德碑) 상석(床石)까지 갖춘

철옹성(鐵甕城)이구나
태풍 홍수 화재에도 꿋꿋이 견뎌 내는
사초 벌초 없이 수천 년 제 모습 흐트러짐 없이

흥겨운 노래와 춤
햇곡식 거두어 하늘에 제사 지낸다

싸움에 승리한 축제의 한 마당을 벌이기도 하면서

절하며 기도하는 모습
가뭄 홍수 멈추기를 굽실굽실 기원한다
마을 휩쓰는 역질 쫓아내달라고 간절히 애원도 하며.

2008. 7. 7

시는 좋은 친구

묵은 친구
하나 둘씩 떠나가지만

나는 요즘
친구 아쉬운 줄 모르고 산다

외로울 때면
외로움 달래 줄
시 친구 하나 부르면 되고

기쁠 때면
기쁨 함께 나눌
시 친구 하나 더 부르면 된다

어딜 가
새록새록 새 맛에
마음까지 편한 이런 좋은 친구 만나리.

2009년 맑은 가을
각공서재에서
中里 한 두 현

아픔 하나 끼고 삽니다

아픕니다
쓰립니다
저려 옵니다

누워 잠을 잘 수도
앉아 책을 읽을 수도
걸으며 명상에 잠길 수도 없습니다

꾸지람 소리가 들려옵니다
버려라 버려 왜 버리지 못하느냐
비워라 비워 왜 비우지 못하느냐

할 말을 잊은 채 멍해집니다
누가 있어 이런 쓴소릴해 주리
누가 있어 녹슬어 가는 내 영혼 닦아 주리

오늘도
손때 묻은 마스코트 삼아
아픔 하나 고이고이 끼고 살아갑니다.

2008. 11. 10

회초리 든 불심(佛心)

–8. 27 범불교도 대회를 보면서

더 큰 재앙
막아보려는 대자대비(大慈大悲)의 불심
모여들었다 서울로 서울로 서울광장으로

통일이 되고 나면
종교 분쟁이 걱정이라 되뇌인 반세기
불길한 예측 빗나가기를 간절히 바라고 바랐는데

아주 감이 좋지 않아
지역으로 갈라놓고 이념으로 갈라놓더니
그것도 모자라 이제 종교로 갈라놓는
어리석음을 보아야 하는 심정

아무리 오직 하나만 믿는다 해도
문명화된 이 세상이 하나 됨은
아주 헛되고 헛된 꿈
왜 모르나 동족상잔(6.25)의 역도(逆徒)보다
더한 중죄 짓고 있음을

하루 빨리 멈춰야지 멈춰야 해
편향(偏向)이 차별(差別)로 탄압(彈壓)으로

분쟁(紛爭)으로 이어진다면
어이하리 어이하리 살벌한 벌판에서
집안싸움질 하는 우리의 기구한 운명

함께 가라 함께 가야지
정 없애고 싶으면 내부로부터 무너뜨려라
상대방 속에 들어가 공부하고 믿어 보면서
허점을 찾아내어

건드리지 마라 건드리지 말아야지
점점 더 똘똘 뭉쳐 단단한 금강석 되리니
불심은 커지리라 번지리라
우주 끝 생명이 다할 때까지.

2008. 9. 1

제사탑의 파수꾼

우르르 쾅쾅
제사탑(祭祀塔) 무너져 내리는 소리

참 이상도 하지
끈질긴 외침에 금시 사라질 줄 알았는데

정상은 끄덕없이
한 백년 저리도 잘 견뎌 내고 있다니

둥글둥글 둥근 산이
하늘을 찌를 듯이 뾰족뾰족 뾰족탑 되어

저기 저 꼭대기를 봐
펄럭이는 깃발 아래 당당한 파수꾼 말이야

살아선 자손번창
죽어선 염라국의 대왕으로 추대되리

부럽구나 부러워
우리도 더 늦기 전 무너진 탑 쌓아 올리리라.

2008. 2. 2

면봉(緬奉)* 하던 날

이승 30년 살다
저승 60년 살고 계신
큰아버지 큰어머니 두 번째 면봉하던 날

하늘도 무심치 않아
쏟아진다던 비도 멈추고
눈부실까 봐 태양도 구름 불러 얼굴 가리었네

너무 잦은 이사에
고달프고 마음도 상하시겠지만
누군들 그리로 고속도로가 뚫릴 줄 알았으리오

다행히 효손 두시어
파내어 여기저기 뿌려 버리는 세상에
명당자리 좋은 날 받아 고이고이 모시오니

편히 푹 잠드시고
열심히 살고 있는 손자 도와
아름다운 숭조(崇祖)전통
널리널리 꽃피우게 하오시구려.

* 면봉(緬奉) : 면례(緬禮)의 높임 말로, 무덤을 옮기어 장사지내는 이장(移葬)을 뜻함.

2009. 6. 10

책상 서랍의 분만

무게를 견디지 못해
아래로 쏟아져 내린 가여운 분만

올망졸망 수많은 새끼
뱃속에서 열 살이 넘도록 기다려 온 녀석까지

내 새끼 아니라면
눈 딱 감고 쓰레기차 부를 수도 있겠지만

어찌 어찌 그럴 수야
미안 미안한데 어미 뱃속에 오래 머물게 한 것도

기억을 추억을 더듬더듬
이 녀석은 언제 어떤 기분으로 만들었지
또 저 녀석은

하나하나 요리조리 챙겨챙겨
이 녀석은 어디에 쓸까 저 녀석은 어디로 보낼까

한나절도 후딱
조그마한 자궁이 잉태한 인연의 업

미리미리 해야 해
덤프트럭이 어느 날 갑자기
저 자궁들 통째로 싣기 전에

머리가 스물스물 중얼중얼
일흔 넘은 나 분만하는 날엔
허공을 채우리 채우리라.

2008. 10. 2

억울한 날엔 축배를 들어요

단단한
분노의 잔일랑
던져 버려요 멀리멀리 저 멀리

억울한 날엔
축배를 들어요
무거운 짐 하나 내려놓는 즐거운 마음으로

우째 이런 일이
언제 어디서 어떻게
아무리 더듬어도 떠오르지 않으리 않으리라

기억일랑 접어요
어제의 일도 가늠하기 어려운데
아득히 머나먼 옛일까지야 어찌어찌 감히

한 가진 확실하네요
컴컴한 곳간 속 숨겨 있던 빚덩이 하나
오늘에서야 밝은 세상에 풀려 나온 기쁨만은

높이높이 쨍그랑

축배의 잔을 들어요 즐거이
쌓여 있는 빚더미 바닥나는 날 머지않아 다가오리라.

2008. 11. 13

슬픔은 약이랍니다

슬픔은 약이랍니다
약 아닌 슬픔도 없답니다

당신 앞에
슬픔이 다가오거든
머뭇거리지 말고 드십시오

시간이 지나가면
약은 독으로 변한답니다

어릴 적 굶주림의 슬픔은
커서 부자가 될 기틀을 마련해 줍니다

일찍 부모 여읜 슬픔은
꺼질 줄 모르는 효심을 불태워 줍니다

험한 일자리의 슬픔은
인격을 갈고 닦는 기회를 마련해 줍니다

힘든 병마의 슬픔은
건강한 삶을 살게 해 주는 지혜를 깨우쳐 줍니다

슬픔을
욕하거나 피하지 마십시오

어차피
인생의 찬란한 탑은
슬픔의 약을 먹어야 올라가니까요.

2008. 12. 15

거리의 마법

한때 젊어선
달나라도 이웃 같아
별릾지 여행하리 여행하리라

한창 재롱인
두 손자 두 해 머물려 간 미국
별나라나 되는지 멀어라 멀기만 해라

한철 용맹정진
달나라도 별나라도 이웃처럼
느낄 수 있는 도(道) 이루리 이루어 보리라.

2009. 4. 16

뒤돌아보세요

괴로우시다구요
한 일 년쯤 훌쩍 달려 나가
뒤돌아보세요

그래도 괴로우시다구요
그럼 한 십 년쯤 훌쩍 달려 나가
뒤돌아보세요

그래도 괴로우시다구요
그럼 숨이 꼴깍할 때쯤 훌쩍 달려 나가
뒤돌아보세요

그래도 괴로우시다구요
그럼 저승세계쯤 훌쩍 달려 나가
뒤돌아보세요.

2009. 1. 29

하얀 비누 조각의 일생
–김수환 추기경의 선종을 보며

지금이야
콩알보다도 더 작은
볼품없는 하얀 조각에 지나지 않지만

나도 젊어선
폼 나는 매끄러운 몸매에
멋지게 치장을 한 향기로운 킹카였지

내 일생이야
눈코 뜰 새 없이 바삐 살았지만
사실 내세울 만한 일은 하나도 없어

그저그저
눈물 콧물 핏자국 응어리 찌든 때 찾아
닦아 주고 씻어 주고 벗겨 주고 풀어 준 것뿐인데

하기야 가끔씩
아주 은밀한 곳 깊숙이 들어가
어루만져 주고 비벼 주고 비밀만은 꼭 지켜 주었지

사람들은

내 삶이 깨끗하고 아주 멋지다나
너무너무 칭송을 해 몸 둘 바를 모를 지경이야

나야 주(主)인님 뜻 받들어
낮춘 몸으로 바보처럼 사랑하고 봉사만 했는데
고이고이 선(善)한 끝맺음(終)을 하게 해 주시다니
행복해.

2009. 2. 24

삶의 길

터벅터벅
누구나 삶의 길을 걸어간다
어제도 오늘도 내일도 목숨을 벗 삼아

나의 길은
늘 즐거운 주인의 길이다
갈 방향도 속도도 질 짐도
언제나 스스로 정한 길이기에

소의 길은
아주 비참한 길이다
코뚜레에 매여 질질 끌려 다니는 노예의 길이기에

양의 길
또한 수치스러운 길이다
양치기의 조정을 받아 몰려다니는 반노예의 길이기에

자라나는 학생을 보면
마음이 무겁고 안쓰럽다
스스로 길을 찾을 수도 있으련만
이리저리 끌려 다닌다

어제 그제
갓 중학생 된 외손녀의 코뚜레
훌훌 벗어버리는 묘책 알려주고 난 마음
새털처럼 가벼웁다

깨우쳐 일어나라
젊은이들이여! 어떤 노예도 노예다
배부른 노예가 되느니 배고픈 주인이 되는
지혜의 길을 찾아.

2009. 5. 11

지고 떠난 보물단지

알지 못한다
누구도 갔다 돌아오지 않았기에
무엇이 저승길에 지고 갈 보물단지인지

볼 수는 있는 듯하다
제사상에 놓인 영정사진 위
어른어른거리는 희미한 영상 영상

아! 저런 것일 줄이야

온화하게 대해 주던 얼굴
따뜻하게 보아주던 눈길
부드럽게 감싸 주던 말씨
시원하게 열어 주던 마음씨
힘들 때 잡아 주던 손길

찾고 찾아도
보물단지 영상은
좀처럼 모습을 드러내지 않는다

어이할꼬 어이해
애물단지만 지고 간 저 어른

저승 삶이 얼마나 팍팍하려나

왜 진작 몰랐을까
응답이라도 하려는 듯
겸연쩍은 미소를 짓는 사진 속 표정.

2008. 12. 6

한 손엔 펜 한 손엔 칼

한 손엔 펜
한 손엔 칼

머리가
근질근질하면 펜을

몸이
근질근질하면 칼을 든다

이것도 저것도
새로 만들어 내는 일[創]

태어난 녀석
잘나면 좋지만 못난들 어떠리

처음 만남의 즐거움
푹 빠지다 보면 하루해가 짧은 걸.

2011년 새해 아침
각공서재에서 中里 한 두 현

흰죽이 고마워

순백의
아무 것에도 물들지 않은 순수한 흰죽

음식에
우선순위를 매긴다면
흰죽은 아마도 꼴찌에 가까울 테지만

속 탈 난 요즈음
신세를 톡톡히 지면서
우선순위에 너무 길들여 있음을 깨닫게 된다

인간도 역시
순수한 순백의 인간보다는
갈비 같은 사람만 선호하며 살아가기 일쑤지만

힘 빠져
비실비실해지는 날엔
곁에 남아 줄 이 아마도 흰죽 같은 인간뿐이리니.

2010. 2. 22

다투어 몸 푸는 봄

양수가 터졌는지
찔끔찔끔 봄비 대지 적시면

여기저기서
너도나도 다투어 몸을 푼다

개구리 두꺼비
웅덩이에 마알간 청포 쏟아 내면

실버들 뒤질세라
연초록 애기 자궁 밖으로 내민다

개나리 진달래
노랑 새끼 빨강 새끼 분만시키면

흥에 겨운 시객(詩客)
봄돌이 하나 얻으려 난산을 거듭한다

이승도 지기 싫은지
이 친구 저 친구 저승으로 밀어내는구나.

2010. 4. 1

탕국밥의 맛

푹 고아
흐물흐물해진
도톰한 무 두부 고기에 다시마

색상도
맛깔스런 갈색
담백한 냄새가 구수한 탕국

조상님이
흠향하셔서인지
사람의 솜씨를 뛰어넘은 듯

커다란 대접
가득 담은 탕국에 흰쌀밥
여기까진 탕국밥의 기본일 뿐

양념을 곁들인다
밀이나 녹두전병에 간납
하얀 도라지 암갈색 고사리 파란 미나리로

드문드문
돌아오는 제삿날
자손들이 기다리라고 한층 맛을 내시나 보다.

2010. 4. 19

추억의 함정

누구에게나
달콤한 첫사랑의 추억도

누구는 웃고
누구는 운다

누구에게나
쓰라린 어릴 적 고생도

누구는 자랑하고
누구는 한숨짓는다

추억은
목욕을 즐겨

꿀탕에서 나오면
달콤한 향기가 풍기고

시궁탕에서 나오면
쾨쾨한 구린내가 진동한다

아름다운

추억의 행복을 원하신다면

준비하세요
마지막 목욕물을 향기로운 꿀탕으로.

2009. 7. 2

똥구 주인 되는 날
–치질 쿠데타의 날

따 따 따 따
요란한 총소리
이리 뒤척 저리 뒤척 뜬눈으로 새운 밤

계엄령 선포
주먹만 한 자막이 뜬다
요소요소 탱크와 중무장 군인

집회결사금지
음주가무금지
신문방송검열
통행자불심검문

올 것이 왔구나
이리 될 줄 알았다만
브레이크가 영 말을 들어야지

머리 가슴 오장육부
높으신 분들 방탕하다
고소하다 고소해 당해도 싸지 싸

고맙다 고마워 똥구야
그대 아니었다면 생명이 위태로울 뻔
바싹 정신 차려 다시는 신세 지지 말아야 할 텐데.

2009. 9. 21

애프터서비스의 함정

잘 받으면
애프터서비스

잘못 받으면
맛난 먹잇감 신세

언제 먹어도
자기만이 마음대로 먹을 수 있는 독점의

망한 회사 제품엔
애프터서비스란 없는 걸 A/S 명함에 속아

거금 들여 고치다 고치다
화만 내고 버려버린 없어진 회사의 오디오

어리석어[痴]
일찍 버리지 못한 욕심[貪]이
불러온 노여움[瞋]으로 하루를 보내다니

탐(貪) 진(瞋) 치(痴)
삼독(三毒)의 굴레 벗어나기 어려워 어려워라.

2009. 7. 9

모기야 모기야 2

모기야 모기야
처서 지난 지 언제인데
아직도 아직도 극성이더냐

숨죽이고 있다가
방불 끄고 잠들만하면
어김없이 나타나는 게릴라작전

인정하마 인정해
교활하다 못해 소름 끼치는 빨치산전술
물샐틈없는 방충망 어찌어찌 뚫고 들어와

너의 무기 엄청나
미사일인들 어떻고 핵인들 어떠리
아무리 중무장한들 우리의 상대는 아닌 걸

아서라 아서
남을 괴롭혀 밤잠 설치게 하는 악업
참다 참다못해 살생의 죄짓고 나면 씁쓸해.

2009. 9. 7

우울증에 걸린 재천(在天)*이

사람 목숨만은
내 손안에 들었노라
큰 소리 뻥뻥치던 시절엔 살맛 났지

내가 눈짓만 해도
퍽퍽 쓰러져 주었으니까
보릿고개가 없어지기 전까지만 해도

6.25전쟁 땐
아주 아주 전성기였어
누구나 내 눈치를 슬슬 살피기에 바빴으니까

요즘 들어선
웬걸 아무리 목을 비틀어도
놓으면 다시 살아나니 소름이 돋을 판이야

엎친 데 덮친 격으로
보이지도 않던 재업(在業)*이가 나타나
사람 목숨은 내가 아닌 자기 손에 달렸다나

하기야 어느덧
전에 없이 수명이 늘어만 가니

아무리 발버둥 쳐봐도 나를 믿어 주지 않는 게지

우울해 못 살겠어
보따리를 싸 훌쩍 떠나버리든지
우리가 떵떵거리며 살아갈 멀리멀리 신천지를 찾아서.

* 재천(在天) : 사람의 목숨은 하늘에 달렸다는 人命在天의 재천임.
* 재업(在業) : 사람의 목숨도 자기가 하기에 따라 달라질 수 있다는 人命在業의 재업임.

2009. 12. 31

밟히는 낙엽 보노라면

사각 사각 사각
밟히는 낙엽 보노라면
굳이 고개 치켜들어 무엇하리
빨갱이 노랑이 검둥이 알 수 있는 걸

주섬 주섬 주섬
삶의 흔적 모으다 보면
굳이 생전의 모습 보아 무엇하리
군자인지 소인배인지 다 나타나는 걸

새록 새록 새록
살아가는 모습 곰파다 보면
굳이 전생을 궁금해 해 무엇하리
현재 그대의 삶이 지난생의 거울인 걸.

2009. 10. 29

늙은이 세 가지 즐거움

– 노군자삼락(老君子三樂)

맹자가 말한
군자의 세 가지 즐거움이란

부모 살아 계심이 하나요
하늘 땅에 부끄럼 없음이 둘이요
영재를 얻어 가르침이 셋이라 했는데

세상도 바뀌고
고희도 넘긴 지 오래니
무엇이 세 가지 즐거움일까 생각해 본다

집에 아내가 있으니 一樂이요
부끄러운 손 벌리지 않으니 二樂이요
담소 나눌 벗 있으니 三樂이 아니던가

거친 세파에
소인배(小人輩) 멀리하고
세 가지 즐거움 누리니 무엇을 더 바라리오.

2010. 1. 28

뽐내고 싶거든

베풀고
뽐내고 싶거든
차라리 베풀지 마라

높이 올라
뽐내고 싶거든
차라리 높이 오르지 마라

모임에 참석
뽐내고 싶거든
차라리 모임에 참석하지 마라

말참견해
뽐내고 싶거든
차라리 입을 꼭 다물어라

뽐내고 싶은 게
귀한 보석이라면
가만히 놔두어도 언젠가 빛날 것이지만

뽐내고 싶은 게
화려한 무지개라면

말만 무성하고 실체는 사라져 버릴 터이니

뽐내 무엇하리
진정 박수 쳐 줄 사람은 그대뿐
손으론 박수 치며 발론 밟아 버리는 게 삶의 모습인 걸.

2010. 5. 3

먼지 친구

조그만 사무실엔
수많은 친구들이 모여 산다
수천 마리의 호랑이와 은하수만큼의 먼지

톱질 한 번이면
무수히 태어나는 먼진데
호랑이들도 좋다고 털어 내려 들지 않으니

외출할 때
감색바지에 누렇게 앉은 녀석 말고는
나 좋다고 달라붙은 놈 보고도 못 본 척한다

밥을 달라길 하나
함께 놀아달라고 보채길 하나
앉은 자리 빼앗지만 않으면 만족해 하는 걸

정겹기까지 한 건
어릴 적 밭일하고 돌아온
어머니 흰 머릿수건에 앉았던 녀석들 닮아

먼지에서 태어나

먼지 되어 사라질 몸뚱이
굳이 너와 나를 가리어 무엇 하겠는가.

2010. 3. 25

설날엔 꼭 세배를 가요

엊그제 내린 눈
사각사각 솔고 솔아
발목까지 빠지는 소리 너무나 상쾌해

어서어서 오너라
반기시는 어머니 음성
아무도 밟지 않은 처녀눈 깔아 놓으시고

미처 알지 못했네
여기가 신선의 세계일 줄이야
70평생 한 번도 빠짐없이 세배를 다녔으나

참 오길 잘 했다
올 때마다 느끼는 즐거움
눈도 추위도 막힘도 피곤도 못 말리는 힘인 걸

왜 꼭 설날이냐
미리 하면 묵은세배라
새해 첫날 이보다 더 값진 일 아직 찾지 못했어라.

2010. 2. 14

노염 탄 일상(日常)

잘 먹고
잘 놀고
잘 싸고
잘 자고 나서 뭐? 따분하다니

노염 탄 일상
참다못해 반기를 들고 말았네

콜록콜록
열은 펄펄
뱃속은 둘둘 좍좍

사나흘에
퀭한 두 눈
후들후들한 다리 두 손을 번쩍 든다

일상이시어
생각이 짧아 고마움을 몰랐나이다

부디 부디
노여움을 푸시어
그대의 따뜻한 품안으로 되돌려 주소서.

2010. 5. 6

속도

속도가
성적이던 시절이 지나

속도가
능력이던 시절도 지나

속도가
지청구가 된 시절을 살아간다네

언젠가
속도가 정지된 상태가 된다 해도

영혼만은
훨훨 날아 속도를 뛰어넘으리 넘으리라.

2010. 5. 11

욕망

욕망이
야망 되어
꿈에 부풀던 시절이 지나

욕망이
성취욕 되어
으쓱으쓱 대던 시절도 지나

욕망이
탐욕으로 비치는
초라한 시절을 살아간다네

이룬 욕망
널리널리 베푼다면
탐욕이 어디에 발을 붙이리.

2010. 5. 17

침샘

침샘 하나가 뭐기에

침샘 하나 써지니
온 세상 맛난 음식 사라져 버린다

침샘 하나 써지니
내노라 하던 미식가 간 곳 없어진다

침샘 하나 써지니
세상만사가 맛없는 보리개떡이다

누가 일체유심조(一切唯心造)라 했던가
아무리 마음을 고쳐먹어도 쓴 침샘 그대로인데

진정 쓴맛이어라
겪어 보지도 않고 세상을 다 아는 듯한 말장난.

2010. 5. 27

천수(天壽)

보는 것도
듣는 것도
먹는 것도
숨 쉬는 것도
생각하는 것도

다 힘들고 귀찮아
삶의 미련이 사그라져
세상을 떠나고 싶은 나이

알고 보면
천수란 하늘도 멋대로 할 수 없는
본인의 동의로 이루어지는 아름다운 작품.

2010. 6. 14

작은 연못

어리연꽃
옹기종기
모여 사는 작은 연못

지난밤
비바람 피해 온
노랑 빨강 꼬마 단풍잎

삶[生] 죽음[死]
서로서로 안은 모습
아름다운 그림 한 폭

이승 저승
따로따로 아닌 이곳
바로 깨달음의 세계인 듯.

2009. 11. 9

자벌레

한 자
한 자
한 자

자벌레가
또박 또박 또박
세상을 재며 걸어갑니다

그럴싸한 목표도
그럴싸한 목적도
있어 보이지도 않습니다

발자취나
남기고 싶어 열중인지 모릅니다
바람 한 번 불면 깡그리 없어질

걷는 게 즐거워
걷는 게 즐거워 걸을 뿐이랍니다
오늘도 내일도 한 걸음 한 걸음 한 걸음.

2012년 새해 아침
각공서재에서
中里 한 두 현

엄마 손

먹여 주고
감싸 주고
혼내 주던 엄마 손

낮이나 밤이나
무병장수 시켜 달라
마음속 불 밝히며 빌고 빌던

손만은 멀쩡하리
수십 년 땅속에서도
부르면 당장 달려올 것 같은

염치도 없이
오늘도 응원을 바란다네
늙어도 늙어도 그리운 엄마 손.

* 땅속에 고이고이 모신 것을 다행으로 생각하며.

2010. 11. 4

헷갈리네

점심에
반주 한 잔 걸치고
흔들흔들 걸어가자니

바람은 찬 겨울인데
햇볕은 따뜻한 가을이라

지나는 이 유심히 살피니
털코트도 동저고리 바람도 있어

가을인지 겨울인지 헷갈리는데

멀뚱멀뚱
수강재(壽康齋) 툇마루에 앉아 있자니

저만치
흰머리에 풍채 좋은 어머니 지나가

여기가 이승인지 저승인지 또 헷갈려
볼을 살짝 꼬집으니 이승이 틀림없구나

술 한 잔 더 걸치면
전세(前世) 현세(現世) 내세(來世)를 두루 넘나들리.

2010. 11. 18

헛제삿밥

안동지방엔
산사람만이 먹는
헛제삿밥이라는 게 있다

요즘 세상엔
산사람과 영혼이 함께 먹는
헛제삿밥이라는 게 유행한다

발이 묶여
영혼은 오지도 못했는데
초저녁에 서둘러 지내는 헛제사

자정 넘어
터덜터덜 온 영혼
산사람 먹다 남은 걸 찾아 먹어야 한다

찬장 냉장고
이리저리 뒤지고 뒤져
남은 찬밥 물에 말아 한 술

헛제사 지낸
헛제삿밥이 목에 메어

눈물 흘리며 딸꾹 딸꾹 딸꾹

자손들아
더운밥 날마다 얻어먹고
일 년에 한 번 더운밥 무에 어려워

들리지 않는가? 저 딸꾹 소리.

2010. 10. 18

기다림의 미학

자식이
철이 안 들었거든
기다리세요 철이 들 때까지

조바심친다고
잔소리한다고 되는 게 아니랍니다

속 썩이는
놈이 있거든
기다리세요 사라질 때까지

세상에 영원한 건 없답니다
당신 곁에서 영원히 떠나 줄 테니까요

죽이도록
나쁜 놈이 있거든
기다리세요 손볼 생각 말고

정말로 나쁜 놈이라면
누군가가 손봐 줄 테니까요

소원이

이루어지지 않거든
기다리세요 발버둥치지 말고

치든 안치든
될 건 되고 안 될 건 안 될 테니까요

기다리고 기다리세요
묵묵히 기다린다는 게
아름답고 지혜롭다는 걸 깨우칠 때까지.

2011. 7. 7

발길이 운명이라

내딛는 발길
잘 살펴보시구려

몸의 발길
마음의 발길

꿈의 발길
정열의 발길

꽃밭을 향하면 향기가
시궁창을 향하면 구린내가

나눔을 향하면 행복이
탐욕을 향하면 갈증이

용서를 향하면 웃음이
미움을 향하면 싸움이

벌판을 향하면 들꽃이
절벽을 향하면 위험이

운명이 별건가
발길을 먹고 자라는 하마라네.

2011. 7. 11

다이어트 하는 혼령

음력 18일 지장재일(地藏齋日)
절에 가 보니 혼령들이 콩 콩 콩
정신없이 이리 뛰고 저리 뛰어다닌다

다이어트를 한다나
다달이 배불리니 몸이 늘기도 하지만
일 년 내내 빼빼 굶는 이들 눈치 보여

힘이 넘쳐 나니
자손들의 간절한 소원
펄펄 뛰어다니며 이루어 주는구나

빼빼 굶겨 놓는 자손일수록
무슨 일만 당하면 조상 탓한다네
복 받고 못 받는 게 자기 할 나름인 걸.

2010. 11. 11

자갈치시장 공판장

주검이 넘쳐 넘쳐
시루떡 모양 켜켜로 쌓인
넓디넓은 자갈치시장 영안실

어느 시대인데
냉동실에도 못 들어간 채
하나같이 장기마저 탈취당했는가

수장(水葬)을 할지
풍장(風葬)을 할지
화장(火葬)을 할지
언제 발인(發靷)을 할지도 모른 채

부모 자식도
일가친척 친구도 하나 없는지
분향도 통곡도 노랫소리도 들리지 않는구나

주검을 팔아
먹고살고 자식공부 시키는 포주는
아무런 죄책감도 못 느끼는 듯 물만 뿌리네

수의 한 벌

못 얻어 입은 채
먼 바다만 바라보는 눈망울 마주보기 민망해

위로(慰勞)를 삼으렴
돈 붙여 버려야 하는 인간보다야
돈 받고 팔려 나가는 그대들의 주검을.

2010. 10. 27

똥자루 친구

석가무니
32상(相) 80종호(種好) 훌륭한 몸 받으시고

어영부영하다
부처님 못 되어 중생구제 안하셨다면

아마도 다음 생엔
죄 받아 짜리몽탕한 짐승 몸 받았으리니

요즘 들어
생김새 부족한 친구 지나가면

연민의 정 앞서
저 친구 편히 살아도 되겠다는 생각이 든다

궁리궁리해도
몸에 부여된 사명 다할 게 걱정이 되어

쭉쭉 빵빵 잘 생긴 젊은이들
옷깃이나 세우고 오만 방자 떨지 말게나

좋은 몸 받고 좋은 일 못하면
내세에 똥자루 친구로 태어나 그 수모 어쩌려구.

2010. 11. 22

곧은 낚시

님을 기다립니다
곧은 낚시 드리운 채

낚아 올린 세월
바구니에 철철 넘치건만

님은 좀처럼
모습을 드러내지 않습니다

꽃이 피면 오시려나
낙엽 지니 눈이 오면 오시려나

기다리는 님은 감감한데
시와 불상만이 수북이 쌓여 갑니다

님을 기다립니다
곧은 낚시 드리운 채

얽힌 매듭 풀리는 날
헐레벌떡 달려오리라는 믿음 있어.

2010. 12. 20

사육당하는 너

너는 모르리
네가 사육당하고 있다는 걸

건강에 사육당하고
수명에 사육당하고
명예에 사육당하고
재물에 사육당하고
종교에 사육당하고 있다는 걸

너는 왜 사니?

너 자신을 찾기 위해
살지 않는다면
너는 사육당하고 있는 게야

너는 누구냐가
분명치 않다면
너는 사육당하고 있는 게야

무엇을 위하여
무슨 일을 하기 위하여
살던 시절이 지나가고

왜 사는지가 모호해질 때가 되면

너도 모르는 사이
너는 완전히 사육당하고 마는 게야.

2011. 7. 18

미안해

요즘 부쩍
미안하다는 생각이 많이 든다

살아오며 나에 가려
빛 못 본 친구 생각하면 미안해

젊어 육식 너무 좋아해
죽어간 소 돼지 생각하면 미안해

뼈만 앙상한 어린이 생각에
밥 한 톨도 흘려버리기 미안해

쏙 빼입고 꾀죄죄한
노숙자 옆 지나가기 미안해

골골하는 친구에게
혈색 좋은 얼굴로 미소 짓기 미안해

노후 대책 부실한 친구한테
출퇴근하며 취미 생활하는 게 미안해

자손이 어려운 일 당하면

열심히 복 짓지 못한 것 같아 미안해

70평생 많은 복 받고도
세운 서원(誓願) 아직 이루지 못해 미안해.

2011. 7. 28

한때인 걸

멋도 한때
인기도 한때
공부도 한때
사랑도 한때
이별도 한때
재물도 한때
궁핍도 한때
성공도 한때
좌절도 한때
건강도 한때
병마도 한때
으스댐도 한때
주눅듬도 한때
즐거움도 한때
외로움도 한때

지나고 나면
바람에 날리는 한 티끌

기쁘다 방방 뛸일도
슬프다 펑펑 울일도 아닌 걸

한때에
목을 매는 건 바보

우물쭈물하다
날려 버리는 건 더욱더 바보

잡은 듯
놓은 듯 손에 손잡고
덩실덩실 춤추며 살면 되는 걸 즐거이.

2011. 8. 29

여유 시간의 짜릿한 맛

누구에게나
공평하게 주어진 시간

어떤 이는
시간에 쫓기며 살고

어떤 이는
시간의 여유를 즐기며 산다

만남의 시간보다
30분 정도 일찍 도착하면
아주 행복합니다 여유 시간을 즐길 수 있어

하루 할 일을
한 시간 정도 빨리 해치우면
아주 행복합니다 여유 시간을 즐길 수 있어

자기 수명 목표를
회갑 정도로 잡으면
아주 행복합니다 덤의 나이를 즐길 수 있어

생사윤회의 사슬을

도(道)로써 끊어버리면
아주 행복하리니 영겁의 시간을 즐길 수 있어.

2011. 5. 2

조개구이의 비정

놀라워
말로만 듣던
조개구이 한 소쿠리

다문화 모임인가

생김새도 가지가지
피부색도 가지가지
사이즈도 가지가지

이름도 생소한

담치 가리비 꽃가리비 소라 석화
키조개 참조개 상합조개 민들조개
대합조개 동죽조개 명주조개 모시조개 피조개

이 땅이 좋아
이민 온 거라면 좋으련만

무슨 큰 죄 지었기에
흔한 인민재판도 거치지 않은 채
지옥의 불구덩이 형장에 끌려왔는지

못할 짓이야
어쩌다 모진 형리 되어 그대들 처형하는 일

눈물 콧물 흘리며
울부짖는 저 아우성 소리
아무리 생조개를 탐할지라도 두 번은 안 들르리라.

2011. 1. 5

잉어의 참선

춘당지(春塘池)
깊은 물속 선방(禪房) 있어

겨울 한철
잉어 떼 모여 참선(參禪)을 한다

눈 부릅뜨고
먹지도 않는 용맹정진

기나긴 동안거
얼마나 힘들었기에

얼음 풀린 지
얼마가 지난 오늘에서야

겨우겨우
힐끗 보여 주는 비실비실한 모습

어서어서
몸 추슬러 활달한 기상으로

들려주구려
깨달음을 향한 진지한 구도이야기.

2011. 3. 10

제3부

호모사피엔스

삶을 통째로

열심히 아주 열심히 일했다
누구도 이보다 더할 수 없을 만큼

언제나 현직인 양
삶의 강도는 지칠 줄 몰랐다

목표와 계획을 세우면
몸과 마음도 군소리 없이 소화해 냈다

어느 날 갑자기
몸과 마음이 반기를 들었다

바꾸시오 바꿔
당신은 해가 아직도 중천인 줄 아시오

멀리서 들려오는 소리
각공아! 서원과 해탈은 언제 이루려고?

두 손을 번쩍 들었다
바꾸자 바꿔 삶을 통째로.

2012년 8월 17일 각공서재에서
중환자실 한 돌을 맞으며
中里 한 두 현

마지막 인사드리시라

열흘 중환자실
둘째 날 셋째 날

가짜 염라대왕
명령을 내린다

마지막 인사드리시라

대구 부산
방방곡곡 널려 있는
4남매 자식들 친인척

단숨에 달려와
중환자실 밖 바닥에 주저앉아

엉 엉 엉 울어 대니
진짜 염라대왕 감동했나

기적이 일어났네
다섯째 날 드디어

울음바다
웃음바다 되었네

이승 저승이
붙어 있을 줄이야.

* 중환자실 둘째(2011. 8. 18) 셋째 날(8. 19) 일어났던 일.

2011. 9. 17

어느 여의사

병실로 오던 날

어느 여의사
말을 건넨다

어르신
강 건너시는 걸
뫼시어 왔거들랑요

사나흘은
몹시 괴로우실 테지만

잘 참으셔야 합니다.

2011. 8. 27

기쁨의 인사

기쁜 소식을
알려 드립니다

생존율
5%밖에 안 되는

패혈증과
당당히 맞서

저승의
문턱에서

돌아왔음을
알려 드립니다.

2011. 8. 28

중환자실

중환자실은
만성적자 부서라 의사 성적도 낮다

죽음이 상존하니
울음이 그칠 날 없어 우울한 데다

찬사는 찾을 길 없고
비난과 책임 추궁이 난무하는 곳이다

적자를 줄이려니
중환자실도 장비도 늘 모자라는 상태

시간을 다투는
중증 환자가 살아남으려면

얼마나 빨리 들어가
충분한 장비를 차지하느냐다

임종 선언을 받고도
살아 돌아올 수 있었던 것은

최우선으로 들어가

최신 장비를 총동원하였기에

감사하고 감사할 따름이다
의사 선생을 비롯한 도와주신 神佛님께.

2011. 8. 19

내 몸은 내가 지킬 거야
- 내가 겪은 환각 환시

중환자실에서 깨어 보니
JB세브란스란 부속병원에 있는 거야

콩을 주원료로 치료하는 전문 병원이라나
콧속 입천장 이빨 사이 끈적끈적하는 콩 찌꺼기

탁자 위에 놓인 콩 전문치료 병원 홍보물
내가 입고 있는 환자복에 쓰인 JB세브란스

요즘 세상에 좋은 항생제가 얼마나 많은데
이런 데서 치료를 받게 하다니 아내를 만나면 말하리라

처음으로 아내가 식구들과 나타났다 큰소리로 외쳤다
손가락질까지 해가며 "나는 저 여자를 따라다니지 않을 거야"

이유를 설명했지만 콩 치료란 말도 안 되며
가장 좋은 항생제로 치료를 해 살아났다는 것이다

온몸과 병실에서 뿜어내는 콩 냄새가 지겨워
본 세브란스로 옮겨 달라고 계속 졸라 대어 병실로 왔다

다음에도 콩 치료전문 병원에 대한 의심이 남아 있어
JB세브란스 건물을 아이들더러 찾아보게 했으나 없단다

시간이 지나면서 나의 환각 환시임이 드러났으니
나를 살리려 밤새워 애쓴 아내에 대한 죄스러움만 남았다.

2011. 9. 초순

뼈와 살갗뿐

중환자실 열흘에
피골상접(皮骨相接)이라

다리에 근육이 없어
서기는커녕 세워 놔도 자빠진다

부처님 고행상이야말로
피골상접의 대표적 표본으로

조각이나 그림으로
본 적은 있지만 체험은 처음이다

아마도 고행을 마치고 일어나
강가로 가셨다는 것은 신화이리

누구의 도움 없이는
돌아눕지도 못해 남의 손을 빌려야 했고

엉덩이도 들 수 없어
기저귀를 뺄 때에도 들어 올려 주어야 했다

오랜 시일에 걸쳐 밥도 먹고

조금씩 운동을 하면서 근육이 서서히 복원되었다

살이 없는 뼈와 심줄만은
죽어 움직이지 못하는 시체임을 알게 되었다.

2011. 8. 28 병실에서

환시 환청 환각

중환자실에
늘 있는 일이 幻視 幻聽 幻覺이다

듣는 이는
우스갯소리로 들릴지 몰라도

당하는 이는
정신에 심각한 후유증을 남기기도 한다

어떤 점잖기로 유명한 노교수는
평소에 제자에게도 존댓말을 썼는데

죽음에서 깨어날 때는
어찌나 입에 다물지 못할 쌍욕을 하는지

보는 이마다 입을 다물지 못했단다
저분이 그 점잖은 노교수 맞아 하면서

심한 이는 정신이상이 되어
오랜 기간 정신과 치료를 받기도 한다

나의 얘기는 별도로 하기로 하고

간호사 말로는 욕을 아주 안 해 양반이라 했단다

중환자실에서 깨어날 때
가족 한 사람이 옆에 붙어 상담에 응하면 좋겠다.

2011. 9. 초순

병실 아닌 병실

들뜸도 잠시
문밖엔 얼씬도 못해

누워서
뒷꿈치 욕창은 들어야

아침 점심 저녁
한 움큼씩 약은 삼켜야

삼 일마다
가정간호사의 치료는 받아야

일주일에
한 번씩 통원치료도 받아야

퇴원인지
입원인지 아주 아주 헷갈린다네

그래도
특실보다도 환경이 좋으니

방도 더 넓고

먹거리도 선택할 수 있고

음악 감상도
조각품 감상도 할 수 있으니

지옥에서 퇴원한 것만은 확실한 듯.

2011. 9. 28

죽음

죽음을
생각한다는 것이

얼마나
사치인지를 알게 하는 경지

죽으려는
힘도 의지도 없으며

살려는
힘도 의지도 없는 경지

죽어도 그만 살아도 그만
어찌 돼도 그만인 그런 경지

나는 아무런
힘도 의지도 생각도 없었다

강물에 빠져
혼수상태에서 물살 따라
흘러가는 상태라고나 할까

이런 상태에서
죽음을 생각한다면
얼마나 사치일까를 알게 되었다.

2011. 11. 초 중순 병실에서

갱도에 묻힌 광부

물도 먹을거리도 끊어지고
외부와의 연락도 두절된 극한상황

기지와 투지로
과연 살아남을 수 있을까

혼수상태에서
무슨 투혼을 발휘할 수 있을까

체온유지를 위해
서로 부둥켜안았을 것이고

목숨이 붙어 있어 산 것이고
구원의 손길로 살아나온 것뿐 아닐까

너무 미화하여
인간을 위한다고 조작하지 마라

극한상황에 처한 인간은
동물 이상도 이하도 아님을 인정해야 한다

다시 들어가기 싫거든
선불리 영웅임을 자처도 하지 마라

사경을 헤매는 환자 역시 이와 같다.

2011. 11. 어느 날 병실에서

머릿속이 새하얀 날

무중력
무기력
무의지력

절망도 희망도 원망도 없는 날

시를 쓰겠는가
사색을 하겠는가
자살을 하겠는가

아무 것도 할 수 없는 날

죽은 자와 산 자가
더 이상 무슨 의미가 있는가.

2011. 11. 어느 날 병실에서

희망

어느 교도소
사형수(死刑囚)와 종신형수(終身刑囚)

사형수는 모범수로
무기징역 15년 10년으로 감형되었다

종신형수는
어제도 오늘도 내일도 종신형수일 뿐이다

처음엔 좋았던 종신형수는
차차 나갈 희망을 잃어 가는 반면

죽을 줄로만 알았던 사형수는
희망에 차 나갈 날을 손꼽아 기다렸다

교도소 아닌 병실에도
수많은 사형수와 종신형수가 존재했다.

2011. 11. 어느 날
기약 없는 봉와직염 치료에 낙담하며

애정 구걸도 거지

몸과 마음이 허약한
장기치료 환자는 도움과 과잉보호를 받아

응석이 늘어가고
애정 구걸을 하다 보면 익숙해지기 마련

애정도 주는 만큼 받아야지
구걸하는 게 습관이 되면 거지나 다름없다

아무리 궁해도 구걸만큼은 말아야
측은지심과 동정심을 애정으로 알아도 안 될 말

비록 회복하지 못할지 모를 환자라도
하나의 떳떳한 인격체로 당당히 자존심을 살려야.

2012. 1. 13

버리시게나

버리시게나
버리시게나

욕심도 버리시게나
미움도 버리시게나
분노도 버리시게나
재물도 버리시게나
명예도 버리시게나
애욕도 버리시게나
목숨도 버리시게나
버린다는 마음도 버리시게나

살아 있는 성인군자
누구도 버린 이 못 봤으나

저승문턱 도달해 보니
버리지 못한 이 하나도 없어

너무 서두르지 말게나
그대도 모든 걸 버리고
해탈열반에 들어가리니.

2011. 12. 21
지루한 병실 아닌 병실에서

정지된 인간

달리던 인간이
4개월이 넘도록
어느 날 갑자기 정지했다

시간이 정지해
오늘이 몇 월 며칠인지
여름인지 가을인지 의미가 없다

공간도 정지해
온실 속 화초처럼 관심이 없다
비가 오든 눈이 오든 태풍이 불든

누가 죽었다느니
어디에 큰일이 터졌다 해도
실체가 없는 영화 속 사건이 될 뿐

살아 있어도 식물인간
무엇을 위해 왜 사느냐 묻는다면
오만한 인간의 심한 욕설이 될 뿐이다

정지된 인간은 자기 몸밖에 몰라

어디에 구멍이라도 뚫릴세라 전전긍긍
사회와 인간과는 단절된 시공만을 즐긴다.

2011. 12. 22

마지막 자존심

더 이상
생산성이 없는 고령자

수중에
충분한 돈이 없으면

예측 불가의
의료비가 자존심을 건드린다

집을 줄이거나 팔아도
가족에게 누를 끼치고 부족하기 쉽다

자식에게 손을 벌린다면
십중팔구 싸움판이 벌어진다

아무리 고고히 살았다 해도
지켜 온 자존심은 산산이 부서지고 만다

의료비 준비가 안 된 사람은
병이 나도 큰 병원엘 안 가는 수밖에 없다

가정전문의나 한방이나 자연치유나

진통제 등 돈이 허락하는 범위는 좋다

새로운 것도 비정한 것도 아니다
우리의 조상들이 해 오던 방법 그대로다

땅을 팔아선 병원엘 안 가던 조상들
마지막 자존심을 지키며 갈 수 있었다.

2011. 12. 30

어머니 아버지시여!

어머니 아버지시여!
위신력이 그리도 대단하실 줄 몰랐습니다
저승문턱까지 간 저를 구해 주시다니 감사감사 감사할 따름입니다

어머니 아버지시여!
저의 불찰로 입원 중이라 지난번 추석 차례와 성묘를
생전 처음으로 뫼시지 못하여 죄송죄송 죄송할 따름입니다

어머니 아버지시여!
이번처럼 남의 입에 오르내릴만한 돌연변사가 될 뻔한 일로
어머니 아버지 음덕(蔭德)에 누가 되는 일을 저지르지 않도록
조심조심하고 성심을 다하겠습니다

어머니 아버지시여!
죽음도 인간이 만드는 일 타의에 의해 끌려가지만 않고
자의가 가미된 품격 높은 죽음이 되도록 도에 정진하겠습니다

어머니 아버지시여!
저에게 주어진 못다 한 일을 말끔히 마무리 짓도록
남은 힘을 다함으로써 이 세상에 태어난 뜻을 이루려 합니다

어머니 아버지시여!
정성을 다하여 제사 및 차례 성묘를 모시겠으며
다른 조상님 받드는 데도 소홀함이 없도록 노력하겠습니다.

2012. 정월 초하루
불효자 두현 올림

나눔의 손

나눔만큼
어려운 일은 없기에

나눔만큼은
벌은 자의 몫이다

벌을 때의 노력 속엔
나눔의 미학이 올올이 새겨져

어떤 나눔이 되더라도
이러쿵저러쿵 토를 달 수 없다

나누지도 못하고
버려진 것은 오물 쓰레기 더미

나누어라나누어라
나눔의 손으로 당당히

벌은 자의 나눔만이
샛별처럼 동쪽하늘을 비치리.

2011. 12. 24

보장받은 내일이 없는데

뉘인들 오늘 할 일을 내일로 미루려 하겠는가
뉘인들 착한 일을 내일로 미루려 하겠는가
뉘인들 나쁜 일을 저질러 죄를 지으려 하겠는가
뉘인들 화를 내어 남의 원한을 사려 하겠는가
뉘인들 탐욕을 내어 남의 손가락질을 받으려 하겠는가
뉘인들 나누어 줄 것을 내일로 미루려 하겠는가
뉘인들 남을 험담하여 욕을 먹으려 하겠는가
뉘인들 남을 칭찬해 줄 일을 내일로 미루려 하겠는가
뉘인들 은혜 갚을 일을 내일로 미루려 하겠는가
뉘인들 주변을 말끔히 정리하는 일을 게을리 하겠는가
뉘인들 사랑한다는 말을 내일로 미루려 하겠는가
뉘인들 들에 핀 예쁜 꽃을 꺾어 집으로 가져오려 하겠는가.

2012. 2. 26

격조 있는 작품

재료는
아주 아주 충분하다

70평생 겪은
산전수전에서 얻은 기묘한 재료

죽음의 문턱까지
다녀오면서 얻은 희귀한 재료

두 번의
지옥체험에서 얻은 진귀한 재료

이를 다 갖췄으니
훌륭한 작품으로 세상에 보답해야지

문제는 이들을
아울러 격조 있는 작품을 만드는 일

만들어 낼 사람은
이미 예전의 만들던 이가 아니다

서두르지 않고
한 손 한 손 움직이며 깊은 사색을 하련다.

2012. 1. 25

병원이 없다면

천국일까
지옥일까 아리송하지만

돈 있는 사람이나
돈 없는 사람이 공평할 테니 천국

수명이 짧아
아픈 노인 인구가 적을 테니 천국

고령자가 적어
젊은이들이 활개를 칠 테니 천국

자식들이
부모 모시기를 덜 꺼려할 테니 천국

살 희망이 없는 환자가
입원하여 고통받지 않을 테니 천국

사회에 기여 못 할 환자가
나라 돈만 축내는 일이 없을 테니 천국

오래 살아야 큰일을 하는 것도 아니다
위대한 스승 세종대왕도 54세에 서거했다.

2012. 4월 병실에서

시의 종이 되어

언제부턴가
내가 시를 쓰는 게 아니라

시가 나로 하여금
쓰게 한다는 생각이 든다

공부 좀 해라 하면
책을 펼쳐 들고 읽는 척하다가

사색 좀 해라 하면
눈을 감고 생각에 잠긴 척한다

즐겨라 즐겨라 하면
기쁜 마음을 가지려 애쓰다가

마음에 안 든다 하면
몇 번이고 고치고 고쳐야 한다

누구의 종도 거부한 내가
어쩌다 늘그막에 시의 종이 되다니

누가 누구의 종인들 어떠하리
주인과 종이 팔짱을 끼고 가는데.

2014년 새해 아침
각공서재에서
中里 한 두 현

너그러움은 단 한 번만

조각할 때에도
한 번 실수로 잘못되면 고치기 어려운데

하물며 사람에 있어서랴
잘못 만들어진 인간 개과천선 어려워 어려워라

성폭 주폭 강절도 경제사기
어떤 범죄든 너그러운 형량은 단 한 번만으로

재범은 한 번의 기회를 무시한 것
초범 형량의 10배로 삼범은 재범의 10배로 선고해야

10배의 10배 또 10배의 10배로
범죄율이 줄면 선량한 사람의 인권 보장받게 되리

입법 사법 행정의 귀족들이여
자기나 가족이 희생되어도 한가히 현행법만 뇌까리랴

한 번 기회에 변하지 못하는 인간
10번 100번의 기회를 줘도 변할 수 없어 없어라

애초에 잘 만들어야지

잘못 만들어진 인간 개조시킨다는 것
하늘의 별따기가 차라리 쉬우리 쉬우리라.

2012. 8. 27

맞추며 사는 지혜

나에게
세상을 맞추려 하지 말고

내가
세상에 맞추며 살아가는 지혜를 갖자

집이 작으면
작은 대로 맞추어 살면 되고

돈이 적으면
적은 대로 맞추며 살면 된다

자식이 미우면
미운대로 떡 하나 더 주어 맞추면 되고

자식이 공부 못 하면
못 하는 대로 맞는 직업 선택해 주면 된다

기분이 나빠도
주위가 웃으면 찌푸리지 말고 웃으면 되고

건강이 나쁘면

건강에 맞추어 조심조심 살아가면 된다

세상이 개판이라면
멍 멍 멍 하는 개에게 어흥 어흥은 하지 말자.

2012. 5. 27

살아 있으매

살아 있으매 예쁜 아가씨를 볼 수 있습니다
살아 있으매 고운 꽃의 향기를 맡을 수 있습니다
살아 있으매 아름다운 음악을 들을 수 있습니다

살아 있으매 맛있는 음식을 먹을 수 있습니다
살아 있으매 사랑하는 사람과 스킨십을 할 수 있습니다
살아 있으매 종로거리를 활보할 수 있습니다

살아 있으매 떠오르는 시상을 시로 표현할 수 있습니다
살아 있으매 솔향 가득 풍기며 조각을 할 수 있습니다
살아 있으매 좋은 책을 찾아 읽을 수 있습니다

살아 있으매 자손들과 즐거운 시간을 보낼 수 있습니다
살아 있으매 친구들과 만나 담소하며 웃을 수 있습니다
살아 있으매 세상 돌아가는 뉴스를 들을 수 있습니다
살아 있으매 기다려지는 저녁 드라마를 즐길 수 있습니다

살아 있으매 못다 이룬 꿈을 위한 노력을 할 수 있습니다
살아 있으매 도수행(道修行)의 발길을 멈추지 않을 수 있습니다

살아 있으매 부모님의 제사를 정성껏 모실 수 있습니다

살아 있으매 이 세상이 이토록 귀한가를 새삼 느낄 수 있습니다

살아 있으매 한 해 한번 얻어먹는 젯밥을 기다리지 않아도 됩니다.

2012. 6. 28

절름발이의 행복

어찌 저리도 많은지
전에는 아주 가끔 본 기억인데

갑자기 늘어난 겐가
은연중 안 보려고 외면했던 겐가

절름발이가 수두룩해
소아마비인지 중풍인지 다릴 다친 건지

지팡이에 찔뚝찔뚝
겨우 십 분 정도 걸은 지도 반년이 넘었어도

나는 행복을 느낀다
살아 있다는 게 병원에 입원 안 했다는 게

늘 측은하게만 느껴지던
저들도 자세히 살펴보니 행복한 얼굴이다

아파 보지도 않고
아픈 이의 심정을 지레짐작한 게 사뭇 미안해.

2012. 9. 16

우족 좌족

70평생
좌족을 졸개 삼아
거들먹거리며 잘 살아오던 두목 우족

어쩌다
족쇄를 찬 신세 되어
좌족의 졸개 되어 눈치를 보는 처지

두목 시절
졸개 다리라도 부러뜨렸다면
지금 휠체어를 탔을 테니 퍽 다행이야

좌냐 우냐
피 터지게 싸움박질 하면서
반대편이 영원히 없어져 버리길 바라지만

좌도 우도
우리 몸의 일부인데
너무 한쪽으로 치우쳐 이성은 잃지 말아야지

휠체어 타고 싶지 않거들랑.

2012. 11. 4

둥근 게 좋아

큰 것은 둥글다
해도 달도 지구도 우주도

아름다운 건 둥글다
눈동자도 유방도 히프도 별도

유익한 건 둥글다
쌀도 콩도 감도 배도 사과도

둥근 게 잘 구르듯
둥글게 살면 세상살이가 편하다

말도 둥글게
생각도 둥글게
행동도 둥글게 살면

조약돌 같아
빤짝빤짝 빛나고 인격자가 되리니

어찌 남을 헐뜯는
모나고 모진 행동을 해 복을 차 버리랴.

2012. 4. 7

창작의 미치광이

창작이 아니면
하루가 허전하다

창작이 아니면
한 달이 허송세월이다

창작이 아니면
한 해를 헛산 기분이다

곰곰이 생각해 보니
지극히 당연한 일이라 본다

오늘의 나는
어제의 내가 아닌 딴사람이니

오늘 창작이 없다면
오늘의 나는 빈털터리일 수밖에

아마도 어느 하루도
빈털터리로 살고 싶지 않은 욕망이리라.

2012. 4. 8

아버님 제삿날을 맞으면

목욕재계하고
한복으로 갈아입은 다음

아침 일찍 책상에 앉아
붓을 들어 정성껏 지방과 축문을 쓴다

어언 72주기지만
언제나 마음이 심란하여 우울하니

일이 손에 잡히지 않아
할 일 없이 서성대다가 저녁을 맞는다

저녁 11시쯤이면
교의 위에 지방과 두 분 영정사진을 뫼신 다음

늦어도 12시 전까지
제상 위에는 적을 제외한 마련된 음식이 진설된다

자정이 넘어 기일(忌日)이 되면
제례복으로 차려입고 예법에 따라 제사를 모신다

몇 날 정성껏 준비한 음식인데
제사 지내는 시간은 짧아 작별인사 드리기가 송구하다

모시고 나면 마음만은 뿌듯하다
어릴 적부터 한 번도 빠짐없이 예법에 맞춰 지냈으니.

2012. 4. 13

끈 2

끈으로 맺어진
인간을 비롯한 우주만물

끈으로 생겨났다가
끈으로 살아가다가
끈으로 사라졌다가
끈으로 다시 태어나는 걸

보이는 끈
보이지 않는 끈
느낄 수 있는 끈
느낄 수 없는 끈
3차원을 넘어 4차원의 무수한 끈에 의해

한 번 맺은 끈은 없앨 수 없으니
싫으면 끊으려 하지 말고 슬슬 풀어 주고
좋으면 끌어당기지 말고 한발 한발 다가서렴

악한 끈을 멀리하고
선한 끈을 가까이 해야 깨달음에 다가서고
다음 생에도 지고 다녀야 할 끈이므로 더욱더

멀고 먼 훗날
해와 지구가 속한 우주가 사라진 다음
다시 태어난다 해도 우리의 끈은 영원하리니
오늘 사라진들 무엇을 두려워하랴 찰나의 현상인 걸.

2012. 6. 6

두 발의 응보(應報)

해도 해도 너무 했지
손이 발을 만져 본 기억이 없으니

앉으면 발을 만지작거리다가
손을 씻지도 않은 채 악수를 하지 않나
음식을 집어 먹지 않나 하는 사람이 보기 흉해

샤워를 할 때에도 몸 구석구석
부자지나 더러운 똥구멍까지도 닦으면서
오직 발만은 두 발로 서로 비비고 말았으니

손은 상전 발은 하인 취급이라
어찌 두 발의 원망이 하늘을 찌르지 않았으리

두 발의 응보야 맞아 응보야
요즘엔 손이 발의 충직한 하녀가 되어
수시로 보조기를 풀고 때를 밀고 말끔히 닦아 내니

누군들 짐작이나 했으리오
한 몸 가운데 일부인 발의 응보가 이럴진대
다른 사람에 대한 편애의 업보야 얼마나 무서우랴

소름이 끼친다
잘 살아간다는 게 이다지도 어려운 일인지.

2012. 7. 22

가슴을 쫙 편다

이 나이에
무엇에 주눅 들랴

탐욕을 버리니
무엇도 나를 어쩌지 못하네

가진 것에 만족하니
돈도 나를 괴롭히지 못하네

더 큰 것 바라지 않으니
명예도 나를 전전긍긍케 못하네

저승문턱을 밟았으니
죽음도 나를 두렵게 하지 못하네

가슴을 쫙 펴고
지팡이를 휘적휘적 저으며 걷는다

오라 어느 뉘라도
이 나의 넓은 가슴으로 품어 주리니.

2012. 8. 20

순간포착의 묘미

알고 보면
운명도 별게 아니다
순간포착에 따라 오락가락하니

어떤 이는 살생을 자비로
어떤 이는 슬픔을 기쁨으로
어떤 이는 절망을 희망으로
어떤 이는 불화를 화목으로
어떤 이는 미움을 사랑으로
어떤 이는 불행을 행복으로
어떤 이는 죽음을 생존으로
어떤 이는 빈곤을 부유함으로
어떤 이는 후회를 성취감으로
어떤 이는 지옥을 극락세계로 바꾼다

밀려오는
순간순간을 허투루 보지 마라

지혜롭게
포착하면 운명을 바꿀 수 있으리라.

2012. 6. 15

머문 자리

머문 자리는 머문 이의 거울이다

성폭(性暴)이 머문 자리에는
분노의 피비린내가 진동하듯이

주폭(酒暴)이 머문 자리에는
난장판의 술 냄새가 코를 찌르듯이

정치인이 머문 자리에는
부패의 시끄러운 냄새가 판을 치듯이

재벌 오너가 머문 자리에는
독선의 아만심이 탐욕의 냄새를 풍기듯이

봄이 머문 자리에는
온갖 꽃향기가 세상을 황홀케 하듯이

가을이 머문 자리에는
풍성한 열매가 농익은 냄새를 내듯이

지난해 저승문턱을 밟고 나서는
부쩍 내가 머문 자리의 냄새를 곰곰이 살핀다

건방진 냄새는 풍기지 않았는지
마음에 상처의 냄새를 남겨 주지 않았는지
슬픔 대신 즐거움의 냄새를 주지 못했는지
좌절 대신 희망의 냄새를 심어 주지 못했는지
기쁨으로 다정한 냄새를 기억하게 해 주지 못했는지

항상 머릿속에 맴도는 말
"존재 가치는 머문 자리로 평가된다."

2012. 9. 2

잘난 영혼

잘난 영혼은
우쭐대지 않습니다
우쭐대는 게 얼마나 우스꽝스러운지 잘 아니까

잘난 영혼은
상대방을 깎아내리지 않습니다
자기 자신을 깎아내리는 일이라는 걸 잘 아니까

잘난 영혼은
조용한 집 초인종을 누르지 않습니다
가만히 있어도 사람들이 알아서 몰려오니까

잘난 영혼은
말이 많지 않습니다
말을 많이 하지 않아도 감화시킬 수 있으니까

잘난 영혼은
전쟁을 일으키지 않습니다
피를 부른다는 게 얼마나 큰 죄악이라는 걸 아니까

잘난 영혼은
『순진한 무슬림』 같은 영화를 만들지도 않고

그런다고 세계 곳곳에서 폭동을 일으키지도 않습니다

피를 부르거나 피를 뿌린다면 이미 잘난 영혼이 아니니까.

2012. 9. 23

몰록

전생에 수행이 깊었다면
이승에 머리가 길다 해도
몰록 깨달을 날 있으리라.

2012. 10. 15
부처님 102佛을 조성하며

진정한 절대자

죽음보다 더 힘센 절대자는 존재하지 않으리
제왕도 재벌도 도인도 그 앞에 무릎 꿇으면
하느님도 부처님도 어쩌지 못해 눈을 돌리시니.

2012. 11. 14

시제 받아 잡수시려

열두 분의 조상님
시제(時祭) 받아 잡수시려 너무 애쓰시는 듯

매일같이 내리던 비
뚝 그치게 하늘을 말끔히 쓸어놓으시고

자손들 감기 들라
쌀쌀하게 불던 바람도 온몸으로 막으시고

지난해 와병으로
시향(時享)을 올리지 못했거늘 언짢은 기색 없이

환한 모습으로
살아 돌아와 반갑노라 손 흔들며 환영하시네

한 해 단 한 끼 드리는 게
뭐 그리 대단하다고 웃는 모습 보이시느라 애쓰시는데

민망하여라 민망해
하루 세 끼 꼭꼭 챙기면서 나 몰라라 하는 자손도 있으니

너무 신경 쓰시지 마시구려
당신네 자손 번창하여 대대손손 시사(時祀) 끊어지지 않으리니.

2012. 11. 18

불밥의 노여움

불밥 불밥 불밥*
생성된 佛밥이 얼마이던가
수십 년간 백여 불(佛)을 조성하면서

늘 불밥 불밥
입으로는 아주 귀중한 듯
말만 하고 단 한 번도 먹어 주지도 않은 불밥

솔향만
쏙쏙 빼어 마시고는 쓰레기로 버리다니
얼마나 야속했으면 그런 일을 저질렀겠나

왼쪽 눈으로
팔딱 튀어들어간 거야
안경을 쓴 가느다란 눈 속으로 용케도

하는 수 없이
물어물어 안과병원을 찾아가 빼어내었지

꽤 큰 녀석인데
날 빤히 쳐다보면서 한마디 하대
먹지도 않으려면 립 서비스나 하지 말라나.

* 불밥 : 홍송으로 불상 조성 시 발생하는 톱밥 등의 가루.

2013. 2. 2

액비통 속 구더기

우글우글 구더기
몇몇은 무슨 출세나 하려는 듯

매끄러운 시멘트 벽이나 지푸라기를
기어오르다 떨어지고 기어오르다 떨어지고

오물 속에서 우글대는 놈들보다
조금도 잘나 보이지 않는데 의기양양하다

어려서 볼일을 볼 때면
마치 추잡한 인간상을 보는 것 같아 씁쓸했다

남이 부러워하는
부귀영화를 다 누려본 이제 와서도 변하지 않는다

인간은 역시
액비통 속 구더기보다 조금도 나을 게 없다는 생각

아니 허구한 날
싸움박질이 그치지 않는 인간보다
구더기가 낫다는 생각.

2015년 새해 아침
각공서재에서
中里 한 두 현

세계 평화 1

유태인이여 이스라엘을 떠나라
그 길이 세계 평화를 가져오는 지름길이다

2000년 연고지가 자기네 땅이라고
평화스럽게 사는 팔레스타인을 내몰아내고 죽이는 만행

머리 좋고 열심히 살아가는 모범적인 유태민족이여
어찌하여 인류의 존경을 받지는 못할망정 욕을 먹고 사는가

미국으로 떠나라
이미 유태인이 대주주가 되어 좌지우지하고 있는 나라

현명한 인디언은
머리는 뛰어나지 않을지 몰라도 착한 민족이라
비록 삶의 터전을 빼앗긴 지 1000년도 안 되었지만
연고지를 찾겠다고 미국을 내몰아내지는 않을 터이니 안심하라

더 넓은 땅에서 웅지를 펼쳐라
유태인도 좋고 인류의 평화를 위해서도 좋은 길 아니던가.

2013. 2. 20

세계 평화 2

21C에 식민지라니
되놈소리 안 듣고 대국대접 받으려면
욕심 부리지 말고 어서어서 티베트를 떠나라

국토가 좁아서 그러는가
인구가 적어서 그러는가
자원이 부족해 그러는가

남의 나라 차지해 문화말살 시키는 죄
하늘이 벌을 내리기 전 엄벌을 내리기 전
세계 평화의 리더가 되어 존경받고 싶거들랑.

2013. 2. 22

세계 평화 3

세계전쟁의 90%가 종교전쟁
10善을 행하고도 1惡의 살인을 했다면 사형감

인류의 행복을 도모해야 하는 종교가
전쟁을 일삼는다면 교도소에 갇혀 있어야 할 신세

지구상에서 영원히 사라지든지
교세가 하루빨리 약화되어야 세계 평화가 오리라.

2013. 2. 24

역경 1

6년 고행
사느냐 죽느냐의 갈림길
고 2에 발병 대학 4년간 치료한 TB*

역경은 반드시 보답한다

첫째 보답은 학습 능률 개발이다
8시간 수면 엄수
국영수 인문고 1/4의 특수고
수석 졸업해서 서울역 근무 확보하고도 대학에 합격시킨

둘째 보답은 바위 몸에 크렘린 닮은 입이다
신체나 정신이나 절대 안정을 하다 보니 무게가 실리고
비개방형이라 가까운 친구도 모르게 기나긴 치료를 하였다

셋째 보답은 인생관의 확립이다
청소년 시기에 생사를 넘나들다 보니
인류를 위해 무언가 기여해야 한다는 가치관을 갖게 되었다

역경은 극복하라는 뜻이고
크면 클수록 큰 보답을 준다.

* TB : tuberculosis－폐결핵. 요즘도 한 해 2천 명 이상이 사망하는 전염병.

2012. 12. 14

3D 업종도 하기 나름

Dirty(더러운)
Difficult(어려운)
Dangerous(위험한)
3D 직장을 누군들 선호하랴만
편하고 깨끗한 직종은 한정돼 있으니 실업자만 늘어나

나는 3D 업종 종사자였지
악취가 나고 땀을 흘려야 하는 더러운 환경
똑같은 처방에 다른 색깔이 나오는 어려운 일
화재가 빈발하고 유독물을 취급하는 위험한 작업
수많은 선후배가 떠난 자리 꿋꿋이 지키다 보니

Diet(체중감량)
Doctor(분야 제1인자)
Diamond(최고의 대우)
3D 업종이 3D 혜택을 가져다 주었으니 당연한 일

취업 못해 전전긍긍하는 것만큼
더럽고 위험하고 어려운 삶이 또 있으랴

연꽃은 더러운 진흙에서 피어나듯이
깨끗한 것 편한 것 만나기도 어렵지만

만난들 치열한 경쟁 속에 살아남기는 수월할까

젊은 백수들아 지금이 진짜 3D 업종인 걸 더 늦기 전에 깨우치렴.

2013. 1. 27

덤 수명의 공신

단명한 집안에 태어나
어릴 적부터 잦은 병치레에 죽을 고비도 여러 번
나의 수명 계획은 50세로 삶의 기반을 부지런히 닦아
더 사는 건 덤이라 생각했는데 75세를 넘기게 되니

수명 연장 공신이 궁금해

일등 공신은 성취감
학교나 직장이나 하는 일마다 잘되어 남보다 앞서 갔으니
투병 중에도 서울공대 합격 30대 중역으로 오랜 CEO 생활의 활력소
자식 넷 말 잘 듣고 명문대 나와 성공해 살아가 샘솟는 엔도르핀
자진 은퇴 후 글쓰기에 성공 시인 등단 조각가로 작품 활동의 희열

이등 공신은 사랑
홀어머니 외아들로 어머니의 큰 사랑 독차지
어머니 돌아가시자 상냥한 아내의 따뜻한 사랑
직장을 비롯한 주변 여인들로부터 받아온 사랑
주위 어르신들로부터 끊임없이 받아 온 과분한 칭송

삼등 공신은 건강관리

담배를 안 하고 술도 절제하며 철야 잡기 금지
매주 등산을 하고 최근에는 만보 이상 걷기 운동
쉼 없는 다이어트로 혈압 당 고지혈증 정상 유지

내려오는 DNA에 위축되지 마라
타고난 수명도 운명을 뛰어 넘을 수 있다.

2012. 12. 23

조각 닮은 자식 교육

30여 년
소나무 관솔 조각을 하였지만

어떤 불상을
조성하면 될지 예측하는데 어려움을 느낀다

하다 보면
옹이나 크랙 부식이나 벌레 먹은 부분이 나와

큰 불상이 작은 불상도 안돼
보살상이나 신장상 동자상으로 변경하기도 한다

속을 투시할 능력이 없다 보니
자질을 완벽하게 파악하는데 한계를 느끼는 게지

자식 넷 손자 일곱을 키우다 보니
가장 중요한 문제 역시 타고난 자질 파악이다

인간도 속을 투시하기 어려워
수많은 시행착오를 거치면서 자질에 맞춰 나가야 한다

우수한 부모 교육이란

얼마나 자식의 자질을 그때그때 정확히 알아내

좌절하지 말고 지체 없이 변경해
가장 알맞은 인간을 만들어 자립시키느냐는 것이다.

2012. 12. 23

갑이었나 을이었나

돌이켜 본 인생
갑이었나 을이었나

가정에서는
어려서부터 호주에 가장으로 어머니는
큰일의 결정을 내 의견에 맡겼으니 갑이었지

학창 시절에는
반장이나 학생회장에 늘 수석이니
학생이나 선생님이나 갑 대우를 해 주는 시대였지

직장에서는
중역이 되기 전까지는 누가 봐도 을이었지만
속 내용은 달랐지 피나는 노력으로 인정을 받다 보니
다른 곳으로 스카우트 되지나 않을까 늘 갑 대우를 받았지

중역 20여 년 공장장 시절에는
주주3사에서 파견 나온 사장 부사장도 내 눈치를 보고
임가공을 하는 불리한 처지지만 기술력으로 갑 행세를 한 을이었지
원부자재나 기계시설을 납품하는 업체에는 말할 것도 없는 갑으로

갑의 위치에서 갑 행세를 하다 보면
목이 빳빳해져 악한 갑이 되기 쉽지만
을의 위치에서 벗어나 갑이 되려는 값진 노력은 착한 갑을 만든다
을의 운명을 타고났다 해도 갑의 세력으로 바꿀 수 있는 삶이 필요해

은퇴 후 시와 조각의 삶을 살다 보니
을의 어려움을 점점 잊히는 것 같아 정신을 가다듬는다.

2013. 5. 12

숭산 큰스님의 비

상좌승 오륜 스님의
피나는 열정으로 세워진 비

가 봐야지 가 봐야지
벼르고 별러 불편한 다리 끌고 가

엄청나게 우람한 오석에
빽빽하게 박혀 있는 비문을 읽었지

생존시 생불로
추앙받던 숭산(崇山) 스님답게 크나큰 공덕

새삼 감명을 받았지만
뭔가 빠진 것 같은 허전한 감도 느꼈다

"무량하고 무량한 공덕 비문이 좁아 다 적을 수 없네"

라고 한 줄만 쓰고 두툼한 전기 한 권
그려 넣었더라면 더 멋진 비가 되지 않았을까

부처님의 팔만대장경을 돌에 새길 수 없듯이

전기가 아직 마련되지 않았다면 수많은 제자들이 쓰면 되고

아무튼 이렇게 큰 오석으로 된 비는 아마도 전무후무하리라.

2013. 5. 19

인간관계

한공간에
둘이만 있을 때

숨 막히는 걸
참을 수 있는 시간이

1분도
참기 어려운 인간

10분은
참아 볼 만한 인간

한 시간은
그런대로 괜찮은 인간

하루 종일도
평안하고 즐거운 인간

나는 어떤 인간일까
1분이나 10분짜리 인간으로 여기는 이는 없을까

만일 있다면 그 이유가

거의 다 나한테 있을 테니 고쳐야지 죽기 전에 꼭

내가 느끼는 1분이나 10분짜리 인간이야
상대방을 고칠 수 없으니 내가 바꿔야지 참선하는 자세로.

2015. 2. 14

내 꺼야 내 꺼야

내 몸은 내 껀가
내 생각은 내 껀가
내 목숨은 내 껀가

내 자식은 내 껀가
내 아내는 내 껀가
내 상속받은 재산은 내 껀가

법은 내 꺼라 하지만
얼키설키 얽힌 인연의 끈
순수한 내 꺼는 하나도 없네

버려라 버려
내 꺼 내 꺼니깐
내 마음대로 해도 된다는 생각일랑

늙어 병들어
내 아버지는 내 꺼라 하며
법망만 피해 물건 다루듯 하면 어이하며

고이 잠든 선산

상속 받았으니 내 꺼야 하면서
거리낌 없이 홀러덩 팔아먹으면 어찌하리.

2010. 8. 9

부러진 상장 막대

선산을 향하던
상여가 멈춰 섰다
굴건제복의 맏상주가 혼절하다니

땅이 하늘이 빙글빙글 돈다
우레와 같은 호통 소리가 들려온다
마당에 거적 깔고 물 한 모금도 거부했다지만 젊은 녀석이

스쳐 가는 주마등의 추억 추억
26세 청상 되어 행여 달아나실라 치맛자락 붙들던 어린 시절
전란을 당하자 나무지게도 서슴없이 지시던 어머니
통달한 사서삼경 내팽개치고 중앙시장 모퉁이노점에서 야채 팔아
뒷바라지한 자식 취직하고 겨우겨우 먹을 걱정 면했는데 어찌 어찌

기어기어 간신히 삼우제를 지내고 호된 염병을 앓으면서도
어머니 없는 세상에 내 삶의 의미는 찾을 길 없어

굴건제복은 버스 기차 눈비바람 칠백 리 성묘 길에 갈가리 찢어져

삼년상을 치르고도 마음의 갈피를 잡지 못해 방황하던 30대 초반
어머니와 함께한 시간보다 더욱 긴 시간이 흘렀건만 놓지 못하네

팔십을 바라보는 이 나이에 다시 생각해 보니
어머니는 나의 태양이었고 스승이었으며 고매한 인격자
아직도 내 몸속에 살아 숨쉬는 내 자신임을 새삼 느낀다

어머니 어머니 어머니!

2013. 7. 26

가족

몸통 안에는
여러 가족이 살아간다

간
폐
쓸개
위장
심장
췌장

기댐 없이
서로서로 떨어져

사건이
벌어지지 않는다

자식이 부모를 죽이는 일
부모가 자식을 죽이는 일
아내가 남편을 남편이 아내를 죽이는 일

거리를 유지하기에.

2011. 5. 9

여백이 좋아

나는 요즘 여백을 즐긴다
사무실 집 할 것 없이 텅 비워 놓은 공간
아주 시원하고 꼭 필요한 걸 진열하니 찾기도 쉬워

이번에는 공간 여백이지만
제2의 인생을 그만두던 16년 전에는
49재를 지내고 다시 태어났으니 미래만 존재했었지

정말 대단한 여백이었어
새로 시작한 집필 활동은 날개를 달아
다섯 권의 책을 쓰고 연달아 시를 8집이나 쓸 수 있었으니

요즘 화두도 단연 여백
욕심을 비우고 비워 서원의 꿈을 이루어 내야지
머리 속 잡다한 지식을 쓸어 내어 깨달음의 경지도 얻어 내야지

밤하늘에 총총한 별을 보면
저 별들을 싹 쓸어 낸 다음 지구에 경사가 있을 때마다
하나씩 하나씩 태어나게 한다면 퍽 여유롭겠다는 생각을 하게 된다.

2013. 3. 14

한 발은 저승에 한 발은 이승에

주치의도
서울대도 국립암센터도
2개월을 넘기기 어려울 거라던

지독한 항암 치료를
12개월 동안 견디어 낸 게
강한 정신력이 아니겠느냐는 게 일반적인 평

아무리 생각해 봐도
이 병을 이겨 내야겠다는 의지력은 없었다
살려 달라고 어느 절대자에게도 기도 한 번 안했으니

가도 그만 남아도 그만
한 발은 저승에 한 발은 이승에
걸쳐 놓은 주제에 무슨 집착이 있을 수 있었겠는가

지내 놓고 보니
정신력이나 의지력보다 더 강한 게
갈등 없이 모든 걸 다 내려놓은 상태가 아닌가 싶다.

2015. 2. 17

마시구려

마시구려
마시구려 미루지 마시구려

오늘 할 일
내일 내일로 미루지 마시구려

오늘은 늘
잉태한 내일을 낳고 낳다 보면

이생에서
해야 할 일 내생으로 넘어가

몸은 아직
이생에 머무는데 할 일은
내생에 쌓이고 쌓여 기다리리니

고달프리
고달프리라 내생의 삶이 고달프리라.

2013. 3. 16

태양아

지구가
얼마나 자랑스러우랴
수많은 분신이 존재하지만

수수억 종의 생물들이
그대의 열정으로 태어나 번창하며 칭송하니

어깨가 으쓱으쓱
아무리 우주가 넓다 해도
나만한 공덕 이룬 이 있으면 나와 보라 소리칠 만하지

인정해인정해 인정하고말고
그대의 공 모른다면 지구가 아니지

다만 빛이 너무 강하다 보니
그늘이 두터워 헤아릴 수 없는 눈물이 존재해
어둠 속 자식들도 좀 챙겨 주었으면 하는 바람이야

어찌 수많은 눈물을 일일이 닦아 주랴
일벌백계로 가끔씩 천벌을 내리는 거야
포악한 무리들이 길길이 날뛰지 못하게끔

적시적소에 천벌이 내려져
안하무인의 인두겁을 쓴 짐승들에 철퇴를 내린다면
지구상의 온 생명들이 환호성을 울릴게야 태양 만만세를 외치며.

2013. 3. 24
북한의 참상을 바라보며

인생은 감옥인 걸

형무소만이 감옥이 아니다

인생 자체가 감옥 생활인 걸
담이 높으냐 낮으냐 무엇으로 만들어졌느냐만 다를 뿐

자궁 감옥에서 빠져나오면
부모와 가족의 담 안에서 자라나
학교와 사회의 담 속에서 젊음을 불사른다
늙으면 돈의 담 병마의 담 고독의 담에 갇힌다

종교라도 믿게 되면 지켜야 할 겹겹의 담이 처지고
이생에서 짓는 업만이 아니라 전생에서 지은 업의 담은 단단해
어떤 이는 담을 훌쩍훌쩍 넘나드는데 어떤 이는 생고생만 한다

아무리 천재라도 지구중력의 담을 넘어 은하수에 갈 수 없고
이승을 하직한다 해도 어떤 담 속에 갇힐지 몰라 전전긍긍한다
형무소 담이 아무리 높다 해도 언제고 밖으로 나올 수 있다지만

겹겹이 둘러싸인 인생의 담을 완전히 걷어치우기란 만만치 않아
감옥살이를 면하려면 더 늦기 전에 도를 깨쳐 해탈을 해야 한다
담이 없는 것보다는 있는 것이 안전하고 편하다면야 필요치 않지만

어찌 됐든 보이는 담보다 보이지 않는 담에 더 신경을 써야 한다
인생이 이승으로 끝난다면 모르지만 저승 준비를 착실히 해야지
인권유린을 식은 죽 먹듯 하는 북쪽 애들에게 꼭 들려주고 싶다.

2013. 4. 18

오늘이 나다

오늘이 나다
오늘이 없으면 나도 존재할 수 없으니

어제는 오늘의 어버이
내일은 오늘의 자식이니

오늘의
어떤 외로움일지라도
어떤 괴로움일지라도
어떤 화나는 일일지라도
귀염둥이의 응석쯤으로 받아들인다

하나밖에 없는 나를 위해
어버이에게 효도를 다하기 위해
자식에게 자랑스러운 어버이가 되기 위해

즐거운 기분으로 아침에 일어나
감사하는 마음으로 잠자리에 든다
오늘이 나다 오늘이 나다 오늘이 나다 되뇌면서.

2013. 3. 29

기어이 승복을 입히려는가

남달리 어려서부터
깨달음에 관심이 많으면서도
정진은 하지 않고 세월만 보내니

노여움을 타셨나
고약한 암을 앓게 하여
머리털을 뭉턱뭉턱 뽑아 버리니

머지않아
빡빡 까까중머리가 되고 나면
승복이라도 걸치고 도를 닦아야 하지 않을까

멀리서 들려온다
"이놈아 미루지 마라
이승을 넘기고 나면 언제 하려구"

기어이기어이 승복을 입히려는가 보다.

2014. 4. 4

호모사피엔스야
–지구별의 망나니

지구마을학교 생물반
3억 6천만 년의 역사를 지닌
우주세계 은하나라 태양시에 위치한

쑥대밭이 되어 간다
얼마 전 인간이가 나타나면서
누구도 더해 가는 횡포 막을 길 없어

모범반이었는데
사소한 다툼이야 있었지만
힘의 균형이 깨지지 않아 질서정연한

인간이의 탐욕 말도 못해
굶주리는 아이들은 나 몰라라
학교급식의 1/4을 게걸스럽게 먹어 치우다가
배가 부르면 남 줄 일이지 쓰레기통에 버리는 심보

알고 보면
생물반을 제패했다지만
새처럼 공중을 날기를 하나
말처럼 빨리 달리기를 하나

돌고래처럼 헤엄을 잘 치기를 하나
미생물처럼 펄펄 끓는 물속에서 살아남기를 하나

뛰어난 머리에
잔학성 하나로 절대군주가 되어
경쟁자라 없애 버리고
먹기 위해 잡아버리고
기분 나빠 쫓아내버리고
오락 삼아 쏘고 칼질을 해대니 누가 말려

이리 된 데에는
서쪽에서 온 바 선생의 영향도 크지
똑똑하고 공부 잘하는 인간이를 너무 편애해서
다른 아이들은 모두 네 몸종처럼 부리고 때리고
목숨까지 네 마음대로 해도 좋다고 가르친 게야

좋은 선생도 있었어
동쪽에서 온 수 선생 같은
너희들은 한 할아버지 자손이니
서로서로 도우며 잘 지내야 한다고 가르친
아만심에 가득 찬 망나니 귀에 들어갈리 만무하지만

자업자득이라
교실의 난장판은 도를 넘어
피워 대는 담배 연기는 방 안 가득 자우룩
발에 차이는 쓰레기에 대소변 냄새 코를 찌르니

녀석의 생각이 조금씩 바뀌는 듯
이래서는 못 살겠다는 위기의식에
지혜로운 과 선생의 가르침에 영향을 받아
말만이 아닌 의문점을 꼼꼼히 증명해 보이는
너희들은 한핏줄이라는 사실을 하나하나 짚어 가며

인간이가 한 일도 크기야 크지
찬란한 문명과 문화는 대단하지만
생물반 전체를 위한 거라면 좋으련만
게다가 하루도 조용할 날 없이 싸움질이니

아직 길이 안보여
생물반의 평화는 희망일 뿐
안 할 말로 망나니 녀석 하나
퇴학 처분이라도 시킨다면 몰라도.

2009. 8. 13

땀방울 눈물방울

누구는
지은 업장 두터워

끙 끙 끙
한 섬 지고 나오는데

누구는
지은 업장 엷어

달랑달랑
한 말 들고 나오네

눈물 적다 으스대지 마라
땀 안 흘리면 눈물 되어 쏟으리

눈물 많다 두려워 마라
땀 많이 흘리면 쏟을 눈물 줄어든다.

2009. 9. 30

순간은 색칠장이

누구나
한순간 한순간
자기 정원을 색칠한다

행복을
느끼는 순간엔
황금색 물감이 흘러나와

불행을
느끼는 순간엔
새까만 물감이 흘러나와

마음먹기에 따라
행 · 불행의 느낌은
어렵지 않게 바꿀 수 있으련만

순간을
귀중히 여긴 이는
황금색 정원에서 빛나는 별을 보는데

순간을

가벼이 여긴 이는
새까만 정원에서 땅을 치며 눈물 흘린다.

2009. 8. 31

나이 들어

나이 들어
아직 눈 밝으면
눈 침침한 이들 길 안내하라는 뜻이요

나이 들어
아직 몸 튼튼하면
힘없는 이들 짐 들어 주라는 뜻이요

나이 들어
아직 남은 재주 있으면
후진한테 아낌없이 넘겨주라는 뜻이요

나이 들어
아직 정신 맑으면
머리 속에 든 것 다 털어놓으라는 뜻이요

나이 들어
아직 남은 돈 있으면
사회에 환원시켜 유익하게 쓰라는 뜻이요

나이 들어

아직 남은 서원 있으면
게으름 피지 말고 어서어서 이루라는 뜻이라네.

2009. 9. 4

나의 가장 큰 바람

우주는 왜 생겨났는가

우주가
생겨나지 않았다면

은하수도
해도 달도 지구도 생겨나지 않았을 테니

고통의 바다도 없어
어쭙잖은 종교도 태어나지 않아
피비린내 나는 끝없는 전쟁도 없을 테고

약육강식도
빈부귀천도 병마도 생사도
윤회도 지옥도 천당도 존재하지 않았으리

나의 가장 큰 바람은
도를 이루어 절대자의 능력을 갖추는 날
우주 삼천대천세계를 싹 없애버리는 거야

물질뿐만이 아니라

영혼도 허공까지도 존재하지 못하도록

느낄 자도 없겠지만 얼마나 고요하고 평화로울까.

2012. 11. 11

소우주

인간은
소우주
돌고 돌린다
우주 분신답게 주어진 궤도를

언제
블랙홀 만나
빨려 들어간다 해도
나온 자궁으로 되돌아가는 것일 뿐

티끌
하나라도
덜어 내거나 보탬이 없으니
소우주랄 것도 없는 우주 그 자체라네.

2010. 6. 24

종말론

종말 종말 종말 수천 년 말만 무성한 종말론
너도나도 죽으면 되지 무에 그리 살아남으려
허망한 종말론 믿다가 종말인생 마감하는 수천만 명
그리 보니 오기도 하나 보다 믿는 자만 골라골라 용케도.

2012. 12. 21
마야종말론 예정일을 무사히 넘기며

경칩에

얼마나 좋을까
인간도 개구리처럼 겨울잠을 잔다면

세계 곳곳의 테러나 전쟁이 없어지겠지
호화주택에 사는 부자나 쪽방 독거노인이나 평등해지겠지
팔팔 뛰는 젊은이나 힘없는 늙은이나 비슷해지겠지
인기 있는 연예인이나 평범한 서민이나 구별이 안 되겠지
권력을 휘두르는 고관대작이나 민초나 그게 그거겠지
노숙자나 거렁뱅이들이 고소한 기분이 들겠지
마약 술 담배중독자들이 치료할 기회를 얻겠지
비만환자들이 다이어트 할 수 있는 찬스가 되겠지
눈코 뜰 새 없이 바쁜 이는 푹 쉬어 건강을 회복하겠지
판검사나 교도소 범인이나 비슷한 처지가 되겠지
에너지 소비가 없어 지구 환경이 좋아지겠지
도를 깨치려 참선하는 이에게는 아주 좋은 계기가 되겠지

전지전능한 착한 신이 있다면

이리도 좋은 점이 많으니 인간을 변온동물로 바꿔 놓을 만도 한데
안하는 걸 보면 무능하거나 없을 거야 설령 있다면 인간들이

평화롭고 행복하게 사는 걸 눈뜨고 볼 수 없고 늘 싸움질을 해야 자기 손아귀에 넣어 마음대로 요리할 수 있는 나쁜 신만 존재할 거야.

2013. 3. 5
경칩(驚蟄)날에 꾸는 몽상(夢想)

염라대왕의 통치

이승의 평화는
희망이 보이지 않는다

전지전능하다는 신도
내로라하는 힘센 종교도
UN을 비롯한 어떤 국제기구도
온 세계를 쥐락펴락하는 어떤 강국도 믿을 게 못돼

인권유린이 하늘을 찌를 듯
수많은 사람들이 목숨을 잃고 짓밟혀도
누구 하나 똑 부러지게 해결은커녕 천벌도 내리지 못하니

하는 수 없다
이승의 일을 저승에 맡긴다는 게
아주 몹시 자존심 상하는 일일지라도

내가 염라대왕에 등극하게 되는 날이면
이승을 지배해 평화로운 세상을 만들고 말 것이다

어려운 일이 아니다
악질적인 놈의 순위를 매겨 차례로 잡아가는 거야

예컨대 동족상잔의 6.25를 일으킨
김일성 스탈린 모택동을 1950년 말까지 잡아갔다면
우리나라는 그때 통일이 돼 김정일이도 김정은이도 핵도 있을리 없지

많이도 필요치 않아
하루 한 명씩 일 년에 365명만 잡아들이면 간단히 해결되는 게야
죽어가면서 어찌 히틀러 무솔리니 히로히토가 2차 대전을 일으킬 수 있었겠나

염라대왕 만세 만만세 소리가 벌써 들려오지 않는가?

2013. 4. 5

대자유인 1

대자유인은
종교를 멀리멀리 한다

종교에 발을 들여놓는 순간
자유는 여지없이 짓밟히기 때문에

자기 자신이 교주가 되든지
도에 이르면 교주와 동등한 지위에 오른다면 몰라도

행동의 자유
생각의 자유
돈으로부터의 자유
전쟁으로부터의 자유
집착으로부터의 자유
두려움으로부터의 자유

인간의 자유란 자유는
박탈당한 채 심지어 노예로 전락하고 만다

대자유인이 되려는 이가
종교를 멀리멀리 하려는 건 너무나 당연하다.

2013. 8. 22

대자유인 2

대자유인은
돈으로부터의 자유를 꼭꼭 챙긴다

부모든 자식이든 형제든
사회든 국가든 도움을 받아야 살 수 있다면
비렁뱅이 신세로 전락하여 자유는 그 순간 사라지고 만다

건강할 때 열심히 일해 벌어들인 돈은
아끼고 아껴 써 어떤 상황이 오더라도 남에게
구차한 손을 벌리지 말아야 돈으로부터의 자유를 누릴 수 있다

고령화 사회가 되면 될수록
일평생 자유를 구가하기란 쉬운 일이 아니므로 더욱 힘써야 한다

돈에 집착하여 돈 버는데 혈안이 되어 긁어모으는 것 역시
돈의 노예로 생을 마감하게 되므로 이 또한 반드시 피해야 한다

돈의 자유를 잃으면
생명의 자유를 잃게 되므로 이보다 더 중요한 자유가 어디 있으랴.

2013. 8. 24

대자유인 3

대자유인은
운명론에 주눅 들지 않는다

타고난 운명을
부정하는 이는 아무도 없지만
어느 절대자가 정해준 게 아니라
노력에 따라 변경이 가능한 저금통장이라 믿는다

전생에 지은 과보의 통장
돈의 통장뿐만이 아니라 부모 자식 건강 수명……

마이너스면 열심히 일해 빚을 갚을 일
플러스라고 흥청망청 소비하지 말아야

지금 이생에서 하는 행동도
고스란히 통장에 기록되고 있는 것
복이든 화든 자기가 지은 업보의 산물인 걸

부모 탓 조상 탓 하늘 탓을 한다는 게
얼마나 부질없고 못난 짓인지 깨달아야 한다
이승에서 열심히 살면 내생에 플러스 통장을 가지고 가는 것

대자유인은
자기의 운명은 자기가 주도해 나간다.

2013. 8. 25

대자유인 4

대자유인은
남의 평가를 멀리멀리 한다

제1인생인 학습기나
제2인생인 보은기나 치열한 평가 속에 살았다
제3인생인 득도기에는 평가로부터 자유로워져야 한다

남의 평가에 춤추다 보면
자기의 주체적 삶은 사라지고 남에게 조종당하는 삶이 된다

만남을 최대한 줄인다
평가받을 일을 피한다
주체적 삶에 긍지를 갖는다
사사(師事)도 되도록 피한다
사회 평가에 신경을 쓰지 않는다
칭찬받기도 좋아하지 말아야 한다

수도승이 속세를 떠나듯 속세와의 인연을
과감히 끊을 때 남의 평가로부터 자유로워져
대자유인을 향한 힘찬 발걸음을 내디딜 수 있게 된다.

2013. 8. 26

대자유인 5

대자유인은
외톨이의 자유를 즐긴다

능력 부족으로
학교나 직장에서 왕따를 당하는 게 아니라면
홀로 태어나 혼자 떠나야 하는 인간의 외톨이는 자연스런 일이다

제3의 인생에서 외톨이 생활은 바람직하다

얼마 남지 않은 귀중한 시간을 알차게 쓸 수 있다
비서나 운전기사까지도 자유를 방해하는 존재이다
친목회나 종친회까지도 멀리한 무소속을 지향해야 한다
사람이 적은 시골보다는 종로 한복판 무리 속이 더 좋다
자주 만나는 사람도 되도록 아는 체 말고 묵언의 생활이 좋다

외로워서 어떻게 사느냐 걱정할지 모르나
외로움이란 인간자체가 외로운 존재라 오는 것
친구와 어울리고 패거리를 만든다 해서 극복될 일이 아니다

누구에게도 기대지 않고 자기 발로 우뚝 서서

남은 시간을 유익하게 쓰고 넉넉한 자유를 즐기는
외톨이 생활은 대자유인을 향한 알찬 발걸음이 되어 준다.

2013. 8. 28

대자유인 6

대자유인은
움켜쥐었던 집착을 슬슬 놓아 버린다

하나의 열매가 봄에 꽃을 피워
수정하고 모진 비바람과 해충 해조류를 견디기 위하여
신맛 쓴맛 떫은맛을 내며 잡은 손을 놓지 않아야 가을에 무르익듯
우리 인간 또한 제1인생이나 제2인생에서
건강 목숨 학습 이성 번식 돈 권력 명예와 같은
삶에 집착하는 것은 지극히 자연스런 본능이지만

제3인생을 살 때쯤이면 잘 익은 과일이 가을에 떨어지듯
잡았던 손을 미련 없이 놓고 어머니 품으로 돌아가야 한다

자기를 길러준 국가 사회에 되돌리기 위해
가지고 있는 모든 역량을 아낌없이 보시해서

거미줄같이 우리의 마음과 몸을 옭아매어 꼼짝 못하게 속박하고
끝없는 번뇌를 일으키는 집착을 훌훌 벗어버려야 대자유인이 된다.

2013. 9. 1

대자유인 7

대자유인은
고통을 순순히 받아들여 소화시킨다

살아가자면
수많은 고통에 맞닥뜨린다
오죽하면 인생을 고(苦)라 하였겠는가

고통은 견디기 어렵지만
몸에 좋은 약이라 생각하고 기꺼이 마시면 보약이 된다

고통은 자기만을 희생양으로 삼는 게 아니라
다른 이들도 흔히 겪는 일이니 너무 억울해 할 게 없다

지금 당장 죽는 것보다 더 큰가를 생각하면
아무리 애간장을 녹이고 뼈를 깎는 아픔일지라도 하찮은 일일 터

고통을 준 게 남이 아니라 자기의 업보라 생각하면
원인 제공자를 찾아 비난하고 저주하는 아픔에서 벗어날 수 있다

이 고통이 100년이 지난 다음에도 똑같을까를 생각해 보면
그것이 얼마나 쓸데없는 아픔이었는가를 쉽게 깨닫게 될 수 있다

삶에는 즐거움과 괴로움이 함께 있으니
고통을 두려워하거나 회피하려 하지 말고 기꺼이 받아들여
소화시킴으로써 구속과 지배로부터 벗어나 대자유인의 길을
가야지.

2013. 9. 3

대자유인 8

대자유인은
중도(中道)의 길을 택한다

중도란 석가모니가 비유했듯이
거문고의 줄이 너무 팽팽해도 너무 느슨해도 제소리가
나지 않지만 알맞게 조절하면 아름다운 소리가 나는 것과 같다

중도의 중(中)은 양극단을 평균한 중간치가 아니고
한쪽으로 극단적으로 치우치지 않고 가장 알맞은 상태를 뜻한다
도에 맞는 행동을 하면 허물이 없어 원한을 사 화를 부르지 않는다

해방 후 혼란기와 6 · 25 전쟁을 겪으면서 중도를 무시하고
극단적인 삶을 산다는 게 얼마나 무서운가를 똑똑히 보았다
인민군과 국군이 번갈아 들어와 극우나 극좌는 모조리 죽었다
이성을 잃지 않고 바르게 일처리를 한 우나 좌은 살아남았는데

세상이 어지러울 때는 중도는 목숨을 보존시키는 위력이 있지만
지키기가 매우 어려울 뿐만 아니라 지킬 생각조차 없는 사람이
많다 보니 극단에 치우친 행동이 끊임없이 일어나 세상이 시끄럽다

이승만 정권의 3 · 15 부정선거도 극단이요 박정희 정권의 유신
개헌도 극단이요 그렇다고 박 대통령의 공적을 무시하는 것도
극단이다 김일성의 6 · 25 남침은 극단 중의 극단이고 이스라엘
이 2000년 전의 자기 땅을 찾겠다고 팔레스타인을 몰아내고 마
구 죽이는 것도 극단이다 중국이 고구려를 자기 지방 국가라 우
기는 것도 극단이요 일본이 침략 행위를 인정하지 않으려는 것
도 극단이다
눈을 크게 뜨고 보면 가정이나 종교나 사회에도 극단이 난무해
매우 어지럽다

중도란 살아가는 데 최선의 덕목이요 최고의 지혜인 만큼 실행
하기 어렵다고
포기하지 말고 힘쓴다면 이 혼탁한 세상도 맑아지고 몸과 마음
이 자유로워져
대자유인을 향한 발걸음도 한결 가벼워질 것이다.

2013. 9.8

대자유인 9

대자유인은
노화 극복의 망상에서 벗어나 자유롭다

2250여 년 전
진시황이 구하던 불로초는 아직도 존재하지 않는다
과학의 발달로 평균수명이 연장되고 삶의 질은 좋아졌지만

유전자 프로그램설 활성산소설 DNA손상설
기능이 쇠퇴하여 진행한다는 호르몬설 면역계설(免疫系說)
단백질의 분자와 분자 사이 다리가 생겨 노화가 일어난다는 가교설
설 설 설 노화의 설은 무성하지만 해결 방안은 나타날 기미조차 없다

사정이 이러함에도 일부 몰지각한 생명 연장론자는
불건전한 생활 유해한 환경 일부 활력물질의 부족 때문에
노화가 일어나고 질병에 걸려 죽는다고 아주 헛된 주장을 펼친다

식습관을 바꾼다거나 비타민이나 노화 방지제나 호르몬제를 먹으면
수십 년을 더 살 수 있다고 주장하는 사람들은 길거리 약장수일 뿐

노화는 질병이 아니며 누구나 맞이해야 하는 자연현상일 뿐이다
설 설에 현혹되어 바보처럼 행동하지 말고 노화를 받아들여야 한다

노화를 막고 하루라도 더 길게 살아보려고 안간힘을 쓸 게 아니라
오늘을 더 건강하고 행복하게 살 수 있게 힘을 쏟는 게 현명하다

대자유인은
허황된 노화 극복의 망상에서 벗어나 마지막 길의 자유를 유유히 즐긴다.

2013. 9. 22

대자유인 10

대자유인은
죽음으로부터 자유로울 수 있다

관입전손익계산서(棺入前損益計算書)
젊어서 생긴 나의 죽음에 대한 철학이다
죽어 관에 들어가기 전 뒤돌아볼 때 무엇이라도 흑자를 내자

26세로 아버지 29세로 종형 34세로 백부 별세
단명한 집안에 태어나 수많은 죽음을 접하다 보니
"50이상을 살면 덤이다"라며 여러 가지 일이 아닌 한두 가지 일
공부면 공부 일이면 일 자식 교육이면 교육 창작 활동이면 창작
에만
무엇 하나에라도 남기는 삶을 살려고 언제나 온 정력을 쏟아 부
었다

회사 입사하던 해 여름 부패한 음식을 먹고 사경을 헤맬 때
병원장이 와서 회사 지정병원이 아니라면 받지 말아야 할 환자
라고
대놓고 죽음을 예고했지만 나는 이상하리만큼 담담한 심정이
었다
아마도 이때부터 죽음은 나의 공포의 대상이 아닌 삶의 일부였다

제사와 차례를 정성껏 모시고 벌초와 성묘를 하다 보면
죽음도 산 자와 죽은 자를 연결하는 끈이 많다는 것을 알게 된다
어차피 한 번은 죽어야 할 몸 담담히 받아들여도 좋다는 생각이 든다

후회 없이 열심히 살아온 사람의 죽는 순간은 아주 당당하다
"누군들 나보다 더 잘 살 수 있었으랴" 라는 긍지를 안고 눈을 감는다
이때다 싶으면 곡기나 호흡으로 가야 할 시간까지도 자유자재로 조정하면서

대자유인은
늘 죽음과 친하게 지내며
정열적으로 살아온 삶으로 인해 죽음으로부터 자유롭다.

2013. 9. 29

산마늘 새싹을 보며

풀꽃동산
깊은 잠에 빠진 2월 23일

언 땅 뚫고
파란 고개 내민 산마늘

학원 교육도
색다른 도움도 받음 없이

입학 입학철
내몰리는 노란 병아리 떼

학원 학원으로
물려받은 DNA는 나 몰라라

어미닭도 병아리도
너무너무 늦게 알아차린다

산마늘 뿌리에서만
산마늘 새싹이 튼다는 걸.

2011. 3. 7

하아얀 난로

얼음이 얼면
닫힌 커튼을 활짝 열어
방 안 가득 하아얀 난로를 들여놓습니다

너무 두터워
영영 녹지 않을지라도
팔한(八寒)지옥* 뚫고 나올 새싹 기다리며.

* 팔한지옥 : 불교에서 말하는, 극한(極寒)의 형벌을 받는 여덟 지옥.

2009. 11. 19

한두현의 정신 궤적(軌跡)과 시

채 수 영
(시인. 문학비평가. 문박)

1. 프롤로그-시는 철학인가

철학(Philosopy)이란 어의(語義)는 지식을 사랑한다는 뜻이다. 그렇다면 지식이란 무엇인가를 되묻는다. 아마도 여러 갈래의 말로 파생의 의미를 가질 수 있을 것이지만 인간의 삶을 축적한 지식(Knowledge)을 의미한다는 뜻에 가까울 것이다.

인간의 역사는 탐구의 길을 개척하고 새로운 의미를 찾아 끝없는 모험과 방랑을 계속하면서 오디세이적인 모험의 궁극은 사랑하는 아내와 자식이 있는 고향 아티카로 돌아가는 목적에 초점을 둘 것이다. 가정 혹은 고향의 본질은 자기를 키워준 공간에 대한 사랑을 의미한다. 그렇다. 인간은 이 공간을 떠나서 살고 또 돌아가기를 소망하는 되풀이에서 삶의 축적이 이루어진다.

따지고 보면 고향으로 돌아가는 길에 당면한 시련과 어려움을 극복하는 단순 목표에 집착하는 일은 곧 자기 삶의 궤적을 그리는 역사의 층을 두껍게 하는 개성의 발로로 귀결(歸結) 지을 수 있을 것이다. 이런 개인적인 소망이 모아지면 사회의 단위가 되고 또 국가라는 카테고리 안에서 일정한 계획의 진전을 갖는 것이 역사책의 부피로 저장된다. 더불어 인류(mankind)라는 거대 인간군으로 확장된 인간의 삶은 새로운 변화의 길이 이어진다.

작금에 Al(Artficial lntelllgence) 즉 인공 지능로봇의 진전을 인간의 고유 영역을 위협하는 지능과 감정의 정서를 공유하는 또 다른 인류사가 진전되고 있다. 이를 인류사의 제2기라 칭할 수 있을 것이다. 인간과 인공로봇이 공존하는 시대의 변화 앞에 지금 들어섰기 때문이다. 자율주행 자동차와 가전을 부리는 전자기술의 흥행은 분명 과거의 인간사와 다른 이미지가 나타나고 있기 때문이다.

우주의 원자수보다 많은 수(數)가 있다는 바둑에서 명색이 신기에 가까운 9단의 기사(棋士)에게 알파고라는 로봇이 4대 1로 승리한 사건은 인류사에 인간의 전성기가 끝났다는 예언도 가능해지고 로봇과 인간이 공생하는 시대로 접어들었음을 암시하는 세기가 도래했음을 상징한다. 인간에 의해서 창조(?)된 로봇이 진화하여 인간의 위협이 되지 말라는 예상은 있을 수 없을 것이다. 공상 만화에서 있었던 일들이 현실로 실현되는 작금의 과학현상은 신의 영역을 위협하는 일도 미지수에 들어간다. 악마는 어느 시대에서나 선(善)과 대립하는 구조가 연결되기 때문이다. 가령 프로 바둑 기사(棋士)를 파우스트라 칭하면 악마 메피스토펠리스는 로봇으로 설정된 위협을 단지 공상이라 치부하기에 인간의 미래는 예측 불가능이기 때문이다.

인류사는 극도로 발전하는 과학의 실현 앞에 당황하는 모습이 역력하고 점차 나약한 인간의 신체조직은 로봇의 조력을 받아 생명을 지탱하는 일이 미구(未久)에 일어날 것이다. 하면 반대로 인공지능을 가진 로봇이 인간을 부리고 지배하는 상황의 도래 또한 현실화 될 때, 어떤 예상이 펼쳐질 것인가는 미래 항목에 들어 있는 흥미의 장(場)이 될 것이다.

앞에서 가정한 전제하에서 시(詩)의 운명은 어찌 될 것인가? 나약한 인간을 위로하고 희망과 꿈을 주는 시의 길은 오히려 넓어질 것으로 상상된다. 왜냐하면 인간에게 다가오는 절망과 아픔 그리고 신산(辛酸)한 고통에서 시의 임무는 빛나는 영역을 확보하는 임무가 주어지기 때문이다. 그렇다면 시인들은 미래의 시대를 위해 얼마나 또는 어떤 대응 논리가 구축되어야 할 것인가는 과제이자 엄정한 숙제로 남게 된다. 어쩌면 인간의 마지막 위안의 목록이 시가 된다는 예상도 황당한 말은 아닐 것 같다. 그렇다면 오늘의 시인은 미래에 어떤 좌표와 대처의 자세를 갖고 있는가는 중요한 의미를 가질 것이다.

철학이 시를 포용하는 것이 아니라 시가 철학을 수용하는 본질에서 시- 시의 위상은 분명 과거의 태도와 작시(作詩)에서 달라져야 할 것이기 때문이다. 시는 항상 인간의 곁에서 위무(慰撫)하고 예언하고 꿈과 희망의 메시지를 주는 목적으로의 존재- 미래의 인간을 파악하고 거기에 대처하는 목록이 시인의 미래 임무이기 때문이다.

한두현의 작시(作詩)에도 이런 요망은 적용된다. 이제 그 바탕을 점검하면서 미래를 예상하는 진로를 추적함으로써 임무를 다하려 한다.

2. 표정의 실상

모든 시인은 자기를 표현하고 자기만큼 쓴다는 나의 지론은 예술이 자기 고백의 근본에서 출발한다는 기초에 근거한다. 상상의 기저(基底)에서 결국 자기의 모든 이미지를 투척하고 표현하는 공간의 표정이 과거와 현실에서는 또렷하게 나타나기 때문이다

본고는 시인의 요청에 의해 철학과 종교로 지정된 작품으로 설정하였지만 모호한 것도 사실이다. 왜냐하면 시적 표현은 시인이 한정된 영역만을 나타내는 것이 아니라 삶의 총체적인 영역을 커버하는 면을 도외시 할 수는 없기 때문이다. 종교 또한 철학의 범주를 벗어나는 것이 아니라는 뜻도 수용되어야 하기 때문이다. 하여 1) 시와 사상 2) 철학 3) 종교 4) 창조 정서라는 분류로 한두현의 정신영역을 조망(眺望)할 것이다.

3. 시와 창조

시는 인간의 삶을 나타내는 거울이다. 또한 그 거울 속에는 한 사람의 일생이 담겨지고 또 자잘한 일들이 엮어져서 오늘의 존재로 설정된다. 때문에 시의 표현에는 과거와, 현재 그리고 미래를 엿볼 수 있는 창문이 있게 된다.

사람의 특징은 삶에 창문을 저마다 다르게 설정하고 그 창문을 통해 외부와 교통하고 자화상을 내보이는 점에서 개성(個性)을 갖고 있다. 어떤 사람은 넓고 시원한 창을 소유하고 또 다른 사람은 작고 여러 개의 창문을 통해 외부와 소통의 길을 넓힌다. 전자는 개방적이라 말하면 후자는 다소 소극적인 성품으로 대외 관계만을 설정한다. 전자와 후자의 특성을 혼합한 중간자의 경우도 없는 게 아니다. 특히 전자의 경우는 호방하고 넉넉하다면 후자에는 세심하고 치밀하다는 점에서 개성이 다르게 시화(詩化)된다.

한두현의 시를 통해 증명을 이어갈 계제(階梯)이다.

언제부턴가
내가 시를 쓰는 게 아니라

시가 나로 하여금
쓰게 한다는 생각이 든다

…… 약 ……

누구의 종도 거부한 내가
어쩌다 늘그막에 시의 종이 되다니

누가 누구의 종인들 어떠하리
주인과 종이 팔짱을 끼고 가는데.
―〈시의 종이 되어〉에서

시와 시인이 하나가 된 합일의 고백이다. 시와 시인이 따로 떨어져서 바라보는 타인의 관계망이 아니라 하나로 일체화된 경지의 고백이다. 이는 세상만사 같은 이치지만 대상과 내가 하나로 통합된다는 것은 행복의 이름에 문패를 달게 된다. 부부지간도 하나로 결합되지만 정작 매듭이 있기 마련이고 우정이나 친구도 모두 그렇듯 이질적인 틈새가 있기에 다툼과 시기와 질시의 처지가 되면 남으로 돌아서면서 적개심을 품게 된다. 그러나 한두현은 시와 스스로가 하나이기에 진행형으로의 시와의 관계망 – 주인과 종이 팔짱을 낀 완벽한 경지의 고백이 이채롭다. 그만큼 시에 대한 열망이 부풀어 오르는 정점으로의 관계에 대한 고백이 앞으로 전개될 한두현의 운명적인 이해와 맞물린다.

모든 사물과의 관계에는 원인과 결과가 항상 등가(等價)를 이루면서 길을 만들어 가게 된다. 시를 좋아하는 이유는 말로 설명되는 일이 아니고 다만 '좋아 한다' 라는 사실이 정신을 지배하기 때문에 사랑으로 발전하는 시발점이 되기 때문이다. 가령 한 남자가 여자를 좋아하는 이유－논리적인 이유를 앞세워 사랑하는 것은 아니다. 좋아하는 추상적인 비논리가 때로는 논리의 그물망보다 더욱 선명한 사실로 전개되는 것은 사랑의 보편성에 있다. 왜냐하면 남녀가 만나면 1~2초 안에 이미 좋아하는 마음이 앞장서는 것은 틀림없는 사실이기 때문이다. 3단 논법을 동원하여 대상을 선택하는 것이 아니라 직관(直觀)의 섬광(閃光)이 주는 이유는 인간사에 과학적인 방법만으로 해답을 설명하는 일은 지난(至難)하다는 뜻이다.

시를 쓰면서부터
길섶 이름 모를 들꽃의 아름다움에도 눈을 뜨기 시작했지

시를 쓰면서부터
허공을 맴도는 외로운 영혼의 소리에도 귀를 열기 시작했지

시를 쓰면서부터
숨겨진 인간 구린내에 민감해져서 코를 벌름거리기 시작했지

시를 쓰면서부터
맛깔스러운 멋진 삶을 찾아서 혀를 널름거리기 시작했지

시를 쓰면서부터
몸을 낮추어 짓밟히는 지렁이의 아픔까지도 느끼기 시작했지

시를 쓰면서부터

어떤 일이든 거꾸로도 생각해 보는 마음의 유희를 하기 시작했지

시를 쓰면서부터
외로움을 달래 주는 수다스러운 새 친구 하나를 얻은 기분이야.
—〈시를 쓰면서부터〉

시를 쓰기 이전과 이후가 달라진 고백이다. 시는 사물과의 대화이기 때문에 성찰(省察)의 눈으로 보면 모두 대화의 창문을 열고 시심(詩心)의 원인을 제공하는 인간관계가 시작된다. 다시 말해서 시를 쓰기 시작함으로써 지나치기 쉬운 길섶의 작은 풀꽃과 내가 교감의 새로운 세계가 도래하고 두 번째는 미처 생각하지 못했던 소리 – 영혼의 또 다른 세계로 확장되는 소리에 귀를 열게 되었다. 우주 자연은 소리로 가득하다. 봄이면 땅을 뚫고 나오는 싹들의 소리가 범인(凡人)의 귀에는 도달되지 않지만 시심을 가진 시인에게는 아우성소리로 들려오는 민감성의 촉수가 두리번거리면서 시로 환생된다. 더불어 미와 추 그리고 악의 문제에 시비곡직을 가리는 논리의 정치(精緻)함이 정의와 불의에 칼을 내보이는 단안이 시인의 조건이 되기도 한다.

시인은 비단 사물을 노래하는 것으로 끝나는 것이 아니라 불의 앞에서는 촛불을 들고 절규하는 몸짓도 필요하기 때문이다. 작은 미물들의 존재에 발길이 조심스러운 것도 시인의 정신이 밝은 이유 때문에 보이고 들리는 이유가 시인에게는 필수조건으로 다가들 뿐만 아니라 사물의 존재 이유나 고독의 심연에서 들리는 길을 찾아 방랑하는 나그네의 운명이 시인의 길이라는 설득은 옳고 바른 것 같다. 이력으로 보아 한두현은 시와는 다른 직업에서 살았지만 비로소 시의 길에서 맛과 삶의 멋을 터득하고 이내 일체화의 운명을 사랑하는 것 같다. '묵은 친구/ 하나 둘씩 떠나가지만// 나는 요

즘/ 친구 아쉬운 줄 모르고 산다' 〈시는 좋은 친구〉처럼 친구가 사라졌지만 오로지 시와 더불어 외로움과 기쁨을 함께하는 것으로 위안의 삶을 건너가는 '편하고 좋은 친구'로의 시가 한두현의 삶에 또 다른 영역을 개척하는 충분한 이유를 감지하게 된다. 노년에 이르러 좋은 친구를 만나는 것도 삶의 위안이자 행운이라면 시인의 고백은 진솔하다.

한두현에게는 또 다른 창조의 기쁨이 있다. 조각이다.

비누조각의 만남
아이들 학습과제 거들다
만들어진 형상에 매료된 나

흘러온 세월
바쁜 시간 쪼개어 틈틈이 즐기며
여기저기 헤매다 썩다 남은 홍송 고사목에 빠져

…… 약 ……

그대는 좋은 도반(道伴)
언제나 마음을 편하게 이끌어 주는
언제나 만나고 싶을 때 만날 수 있는
언제나 반겨 맞아주는
언제나 정신을 맑게 해 주는
언제나 아무 부담도 주지 않는
언제나 시간가는 줄 모르게 해 주는

—〈조각의 길〉에서

좋아하는 것에는 이유가 없다. 논리 이전에 어떤 세계와의 만남이기 때문이다. 우연히 아이들 숙제– 비누조각으로 촉발된 불상의 조각은 시집의 표지에 실린 것으로 보아 수준급에 이른 느낌이다. '친구인 도반' '마음을 편하게' '언제나 만날 수 있는' '반겨 주는' '정신을 맑게 해 주는' '아무 부담도 없는' '시간 가는 줄 모르게' 만나는 행복이 조각에서 이유로 나열된다. 일종의 도취에 이른 즐거움이자 행복의 표정이 보인다. '언제나'를 전제로 7가지의 이유에는 부담이 없는 무상무념(無想無念)과의 관계로 이해된다. 따지고 이익을 계산하는 것이 아니고 어느 때, 어느 곳, 어느 처지에서나 부르면 만날 수 있다는 관계의 행복이다. 한두현은 시와 조각이 하나로 결합된 취미 이상의 설정으로 보인다. '불상/ 나의 조각품/ 경배대상이 아닌 아주 친근한// 반가사유상/ 내 운전석 앞자리 조그마한/ 보면 볼수록 정겨운 행운의 마스코트 같은' 〈조각, 한 불상시대를 열며〉에서 불상(佛像)의 조각은 주된 취미와 대상인 것 같다.

사람마다 자기의 개성과 성격과 품성에 취택의 조건이 다르다. 내성적인 사람과 외향적인 사람의 선택은 행동에도 다르게 표출되기 때문에 불상에 심취한 한 시인의 조각은 바로 그가 정신의 방향의 추이를 짐작하게 하는 부분이다. 다이내믹하기보다는 정적(靜的)이고 섬세한 성품이 한두현의 정신세계의 규지(窺知)의 결과이다.

4. 시와 철학의 함수

예술은 인간으로 하여금 "보는 것"을 가르쳐 준다고 조요한은 주장한다. 보는 것의 본질은 사물에 대한 시각이면서 다음 단계는 관조(觀照)의 과정을 거쳐서 판단의 경우에 이르면 사물과 인간의

'어떤' 일이 발생한다. 사물과 인간의 관계를 '어떤 것'으로 나타날 때, 시인은 반응이 글로 표현된다. 시와 철학은 멀리 떨어진 것이 아니라 하나로 이어 주고자 의도하는 길을 만드는 점에서 미적 감흥을 느끼고 그것을 포착하는 길을 만들 때 일정한 표정이 곧 시로 환생한다.

그렇다면 시와 철학은 어떤가는 앞에서 서술했지만 시 속에 철학인가 아니면 철학 속에 시인가는 말이 많은 이론이 있을 수 있지만 철학은 시를 소재로 다룰 것이고, 시는 결국 철학을 의식하고 시를 쓰는 것은 아니기 때문에 철학은 시를 바라보면서 시에 대한 철학으로의 수용을 이행하는 것이 숙명일 것이다. 다시 말하면 시 속에 철학이 수용된다는 뜻이다.

모든 시인의 시는 철학이고 자기의 주장일 때, 비로소 사상이 된다. 사상은 일관된 주장이고 철학 또한 그런 사상을 정리하는 임무가 틀림없다면 시의 자리에 우선은 계속 진행된다.

한두현의 시에 철학의 명료함을 말하는 시는 없다. 그러나 소재가 된 모든 물상은 철학의 옷을 입고 표현된다. 이 의상(衣裳)철학은 결국 시의 중심이고 시인의 사상을 구축하는 원인으로 작동되는 모든 표현이 되기 때문에 굳이 어느 것이다로 한정하여 말할 수는 없을 것 같다.

무 무 무
없다 없다 없다

잉어가
뇌까린다
"바다란 없다"고, 창경궁 춘당지 속에서

내 눈엔
잉어나 인간이나 그게 그건데
누가 누굴 보고 웃어 대는 것인지
—〈무(無)〉에서

없다 없다를 반복하면 있다와 같아지고 있다를 반복하면 어둠과 낮의 순환논리가 일어난다. 그러니 있고 없음이 오로지 자연의 원리라는 말로 정리하면 철학의 중심은 결국 시를 바라보는 표정으로 다음 수순을 기다리는 결과가 된다. 개구리가 사는 곳과 고래가 사는 곳의 차이는 크기의 문제이지 생명 본래의 의미와는 다른 의미 – 어디서인가는 중요하지 않다. 좁다와 넓다는 개념은 생명과 연결되지 않기 때문이다. 철학의 중심은 이런 사상의 구분을 요하는 것만은 아니다. 때문에 시인은 '내 눈엔 ~그것이 그건데' 라는 유연한 사고는 매우 정상적으로 판단하는 사물구분법이다.

터벅터벅
누구나 삶의 길을 걸어간다
어제도 오늘도 내일도 목숨을 벗 삼아

나의 길은
늘 즐거운 주인의 길이다
갈 방향도 속도도 질 짐도
언제나 스스로 정한 길이기에

소의 길은
아주 비참한 길이다
코뚜레에 매여 질질 끌려 다니는 노예의 길이기에

...... 약 ......

깨우쳐 일어나라
젊은이들이여! 어떤 노예도 노예다
배부른 노예가 되느니 배고픈 주인이 되는
지혜의 길을 찾아.

—〈삶의 길〉에서

길은 도(道)라 칭한다. 길은 현상적인 길이 있고 또는 마음으로 가는 길이 있어 보이는 것과 보이지 않는 두 개념을 공유한다. 그러나 인생의 길이라 말할 때는 보임이 아니라 정신으로의 선택적인 의미가 승(勝)한다. 한 시인의 길은 주인으로의 삶과 노예로의 삶을 이분법으로 놓고 지혜를 선택하여 고난과 어려움을 지혜로 돌파하라는 철학이 중심을 이룬다. 이는 도덕적인 승리이고 삶의 궤적이 바른 가치로 승화하기 때문에 강조점을 둔다. 중학생이 된 외손녀에게 교훈으로 주는 할아버지의 자상한 삶의 표백이다. 사실 살아가는 일은 인간에게 영원한 숙제이다. 배부른 혹은 편안한 삶을 누구나 선호하지, 악착하고 고난의 길을 찾아 선택하려는 경우는 희소할 것이기 때문이다. 그러나 인류사에 보편적인 가치는 항상 지혜로 선택한 파우스트적인 가치로 진리를 삼는다.

내딛는 발길
잘 살펴보시구려

몸의 발길
마음의 발길

꿈의 발길

정열의 발길

꽃밭을 향하면 향기가
시궁창을 향하면 구린내가

나눔을 향하면 행복이
탐욕을 향하면 갈증이

용서를 향하면 웃음이
미움을 향하면 싸움이

벌판을 향하면 들꽃이
절벽을 향하면 위험이

운명이 별건가
발길을 먹고 자라는 하마라네.

—〈발길이 운명이라〉

발길에도 자의적인가 타인의 요구에 의해 가는 길인가에 따라 다른 이미지가 형성될 것이다. 자기 발로 찾아가는 것은 신산하고 고통스런 길이라도 행복한 뜻을 가질 수 있지만 명령에 따라 길을 가는 길은 지루하고 어지러운 이유가 발생할 것이다. 때문에 시인은 '잘 살펴' 보시라는 교훈적인 뜻을 앞세운다. 즉 '꿈으로 가는 발길이 있고, 꽃밭의 향기의 길이 있는가 하면, 탐욕에 따른 갈증의 길, 미움에 따른 싸움의 길, 절벽을 향하는 위험의 길' 등이 있어 정신의 갈래를 앞세워 지혜롭게 선택하고 진행하는 길에서는 향기와 편안과 행복이 나오는 일이 결국은 자기의 문제로 귀결될 때, 건전한 상식으로의 삶을 살아가라는 묵시적인 강조가 시인의 주요 사상으로 거론된다. 운명에도 타인의 강요로 갈 때는 불행의 경우는 얼마든지 많은 비극을 감내하는 일이기 때문이다. 결국 어떤 길이 자기화의 길인가를 터득하는 것은 오로지 자기만의 삶에서 얻는 가치의 문제가 운명으로 결정된다는 뜻이다.

운명에는 의지가 있어야 한다고 한다. 다시 말해서 꾸준하고 핵심적인 사고의 뭉침을 통해서 나타나는 표현미의 가치로 귀결된다는 점이다. 이 같은 조건은 예술가는 예술적인 생활을 살아야 얻을 수 있는 조건만은 아니다. 평범과 보통의 일상을 살면서도 상상력의 고도한 훈련에서는 비범한 예술적인 소득을 기대할 수 있기 때문이다. 이런 상상력의 기대는 결국 시인의 삶과 상상의 조합이 어떤 가능의 비율로 나타나는가를 작품으로 바라보는 감수성의 문제가 황홀(恍惚)하게 일어서는 작품화의 중심이라면 한두현의 삶의 철학은 내밀하고 중후함에서 쉽고 투명한 느낌으로 편안함을 준다.

5. 종교

종교는 인간에 의해서 태어났다. 그리고 인간을 옥죄는 도구가 되어 지배를 받는 결과로 인간에게 군림한다는 말을 하면 기독교 신자는 부인할 것이다. 이는 하느님이 인간을 창조했다는 말로 강조할 것이기 때문이다. 무조건 따라야 한다는 것이 서양 종교의 지배관이다.

서양 종교의 역사는 거의 싸움의 역사였다. 십자군 전쟁, 백년 전쟁 등 숱한 전쟁의 이유는 십계명에 '내 앞에 다른 신을 두지 말라' 는 지시를 따르면 당연함으로 전쟁이 일어난다. 작금에 서양 전쟁의 참화는 거개가 종교적인 전쟁을 필두로 일어난 비극들이다. 말로는 사랑을 모두 운위(云謂)하지만 자기들끼리만의 사랑으로 시기와 질투의 칸막이를 치고 뜻이 다르면 증오의 칼날을 휘두르는 폭력이 오늘날의 종교에 문제점일 것이다. 그러면서 너는 내 편일 때, 구원을 받을 수 있다는 강요는 일종의 폭력이 아닐 수 없다. 이런 사실은 종교의 절대권위시대인 중세엔 지구가 돈다는 말도 화형의 조건이었고 – 갈릴레오 갈릴레이나 브르노 등등은 인간의 신념과 종교의 뜻이 다를 때, 화형에 처하는 일들이 당연지사로 종교의 이름 아래서 일어난 아픔이었고 이런 징후는 지금도 여전한 줄기가 흐르고 있다.

불교는 철학이라 말한다. 다시 말해서 신을 모시는 것이 아니라 깨달으면 모두 부처로 존경을 받는 일 때문에 개도 불성이 있다고 주장하는 근거는 신을 받드는 것이 아니라 깨달음이 있는가 없는가의 구분법일 뿐이다. 한두현은 불가의 상당한 경지를 방문하고 시를 쓰는 인상을 준다. 바로 자기 고독의 심연에서 찾은 〈어떤 대상〉이기 때문이다.

피를 토하며 소리 높여 불러도
누구 하나 대답하는 이 없고
메아리조차 삼켜 버린 적막의 바다

차라리 이럴 때면
머리 풀어 헤친 소복의 여인이라도 나타나
맺힌 원한 풀어 달라 했으면 좋으련만

뛰어내릴 절벽도 머릴 박을 벽도 없는 공의 세계
텅 빈 머리를 쥐어짜 고독과 친해 본다
깨달음도 어차피 고독의 시체 더미가 아닐는지.

–〈고독의 바다〉에서

사위(四圍)가 어둡이고 절체절명의 공간이다. 누구를 불러도 대답이 없고 누구도 구원의 사다리를 내려줄 대상도 없는 고독의 심연에 빠져 있다. 이럴 때 인간은 불안의 고조에서 구원의 메시지를 던져 주는 말에는 쉽게 동화된다. 신은 이럴 때 나타난 필요존재이다. 절체절명의 공(空)으로의 공간에서 비로소 자기의 길이 나타난다면 이를 공의 깨달음이라 칭할 수 있을 것이다. 색불이공(色不異空) 공불이색(空不異色) 색즉시공(色卽是空) 공즉시색(空卽是色)은 반야경의 핵심이다. 있고 없음의 문제는 결국 우주의 순환원리에 닿고 변함없는 진리의 등불로 나타나기 때문이다. 이처럼 한 시인의 불가적인 사고에는 그가 즐기는 조각으로 염원을 피워낸다. 마치 희랍 신화에 피그말리온과 말테이온처럼 절대 염원은 소망으로 달성될 수 있음이 조각으로의 환생이다. 종교는 때로 갈증을 가질 때, 또 다른 길이 보이게 된다. 한 시인의 조각의 염원은 죽은 나무에서 생명을 불어넣는 작업이기 때문이다. 믿음으로의 공고함이 없다면 불가능한 일이다. 왜냐하면 창조로 살아나는 작품이기 때문이다.

백두 대간 깊고 험한 산속
비바람 맞으며 백여 성상 살다 간 홍송
기나긴 세월 썩고 불타다 남은 단단한 사리
맑고 짙은 솔향 뿜어낸다

어느 부처님이 숨 쉬고 계실까?
석가여래 아미타불 비로자나불 관음보살
사리 속을 뚫어지게 응시하면
어렴풋이 부처님 형상이 떠오른다

—〈홍송 사리 속 부처님 찾기〉에서

마음이 깨끗하면 진리를 볼 수 있음은 옳은 뜻이다. 이는 절박하고 간절함을 모아 뜻을 행동으로 옮기면 바로 나타나는 현상의 환시일시 분명하다. 한 시인은 죽은 홍송(紅松)으로 오로지 간절함을 모아 조각을 하는 일이 마치 석굴암을 조성하는 것과 비견된다. 마음이 깨끗하고 염원이 절실하기 때문에 한칼 한칼의 움직임은 곧 절대의 경지를 찾아내는 희열(喜悅)이 기다리고 있는 것이기 때문이다. '응시하고 들어내야/ 나투시는 부처님' 은 곧 시인의 마음이 투명할 때 보이는 부처님을 옮기는 역할의 예술가- 창조가 이룩되는 순간이 된다.

6. 에필로그 – 정서의 파도

시는 정서의 기록이고 이를 연결하는 이미지의 구축술이라야 한다. 이를 위해서는 시적 장치와 거기에 따르는 기교적인 표현이 원숙할 때, 한 편의 시는 완성도 앞에 편하게 자리를 잡는다. 여기서 시가 과학이라는 말을 더하면 정치(精緻)하고 세밀한 시 정신의 향기는 보다 멀리 나아가는 위력이 보증될 수 있다.

한두현의 시는 그의 사상의 줄기를 공고화하는 방편으로 상식적인 상상의 줄기를 땅에 뿌리내리고 하늘로 향하는 지향의 의도가 선명하다. 이는 황당한 이야기가 아니라 소곤거리는 것 같은 속삭임이고 뜻이 살아오는 향기의 맛깔이 좋다는 뜻이다. 시는 사상을 담는 도구이고 아울러 철학을 수용하는 보다 큰 도구일 때, 종교조차도 시 속에 용해되어 보다 큰 위력을 승화하는 힘을 느낄 수 있는 한두현의 시적 묘수는 아름답다.

中里 韓斗鉉 全集 1

한두현 詩 전집

시로 쓴 자서전

서원의 길

■ 서문

韓斗鉉에 대한 내 인식은 옳았다

서울대 공대 명예교수 공학박사 金 魯 洙

사람이 스스로는 물론 남이 알 수 있게도 행복하게 산다는 것은 얼마나 어려우며 되기 힘든 일인가!! 그런데 제자요 후배인 中里 韓斗鉉, 일찍부터 그렇게 살아왔음을 알고 있다. 이를 경하하고 널리 알려주고 싶은 마음 간절했다.

한두현을 처음 알게 된 것은 그가 서울대학교 공과대학에 입학한 때부터이다. 당시 京畿고, 서울고, 景福고 등이 서울大 工大 입학을 席卷하는 상태에서 交通고에서의 입학은 참으로 어려울 때였으므로 그가 주시될 수밖에 없었다. 더욱이 교통고의 특수성을 생각하면 그러하였으며 국비-국립학교 졸업이라는 점에서 가정환경을 짐작케 하였었다.

한두현이 졸업하고 취직해 있을 무렵 纖維工學科 학생 丁厚榮의 어머님이신 韓太吉여사께서 대학으로 찾아오셨고, 이 이야기 저 이야기 끝에 한두현이 친정 집안의 동생인 점, 그의 어려운 가정환경, 유능하고 촉망된다는 점, 자기가 '斗鉉이 같은 사람은 서울로 가서 공부해야 한다' 고 조언해 준 점 등도 말씀해 주셨다. 韓 여사의 말씀에 수긍이 간 것은 물론이었다.

한두현이 대학졸업 후 기술계에서 살아온 길은 일사불란하였으며 그는 기술계 최고 자격인 '기술사' 도 획득하고 있었다. 지난 일생 살아온 전공이 나와 같아서 자신하고 말할 수 있는 바, 우리나라 섬유공업발전에의 기여가 지대하며 국가와 사회는 훈장과 포상 등으로 칭송하고 있다. 평소 사회 현장에서 그와 함께 호흡하면서 느낀 바 是와 非가 분명하여 非에는 결코 따르지 않으며, 과단성은 누구에게도 못지않음을 보아왔다. 그는 우리나라 三大 纖維會社의 공동설립체이고 우리나라에서 기술적으로 가장 잘 알려져 있던 纖維加工 企業體의 社長이 되어서도 오랫동안 일을 보다가 정년퇴직하였으니 榮辱이 얼마나 많았을까를 짐작할 수 있다. 그가 후배들에게 참고되게끔 마음 놓고 털어놓을 수 있는 자리가 있다면 아마도 몇 날이 가도 부족하게 느낄 것만 같다.

中里의 퇴직 후 생활 모습을 보고 나는 그의 또 다른 면을 발견할 수 있었다. 어느 날 생각지도 않던 한두현의 '자식을 부모의 팬으로 만들어라' 란 책을 받았는데 이것을 첫 번째로 하여 길지도 않은 시차를 두고 네 번째 (자식교육 이제는 프로부모시대이다) 까지의 저서와 '인연' '인왕산' 등의 시집을 발간, 모두 보내 주어 깊은 감명을 받으면서 읽었다. 참으로 이 사람이 어떠한 사람인가, 한편으로 기쁘고 한편으로 놀라게 되었다. 어느 날엔 축하 격려하기 위해 樂園市場 근처에 있는 그의 覺空書齋에 찾아가서 또 놀랄 일을 보았다. 刻工書齋라고 해야 할 정도로 그가 조각한 정교한 부처님의 조각상을 보았기 때문이었다. 글을 쓰고 詩想을 옮기는 외에 佛道에 몰두하며 부처님을 상으로 모신 것이다. 매일 건강유지, 사색을 위해 산책을 한다는 그의 철저한 생활담을 듣고도 또 놀랐다.

모두를 말하기엔 많은 지면이 있어야 하지만 빼놓을 수 없는 것은 그의 부인의 지극 정성한 뒷바라지와 중리 부부가 착하고 명석한 자녀들을 훌륭히 교육한 점이다. 이를테면, 그의 부인은 일상의 내조 외에 남편 中里(雅號)를 覺空(佛名)으로도 되게 하였으며, 두 아들과 한 딸은 서울大를 졸업(장남은 하버드大 – 경제학박사까지), 한 딸은 梨花女大를 졸업한 후 모두 크게 촉망되는 자리에서 활약 중에 있다.

이때 헤어질 무렵 중리에게 '태어나면서 일생을 어떻게 살아갈 것이라고 설계해 놓고 그대로 살아가는 것 같다' 고 하자 그는 웃기만 하였지만, 내가 본 바로는 확실히 그러하였다. 입지 수학한 뒤 사회와 국가에 봉사, 어른들을 잘 모시고 자녀 교육을 훌륭히 마쳐 독립을 시킨 후, 자신의 생활환경 속에서 소질과 능력을 살려 국가와 사회, 아니 인류에 공헌하는 일을 해가며 또 한편으로 풍류 있게 나날을 보내는 삶, 이를테면 교과서에 가까운 삶을 해 가는 것이 확실하다는 것이다.

이 책의 머리말 원고 청탁을 받으며 원고를 보니 詩로 쓴 것이어서 주저가 되었지만 자서전이어서 문예에 門外임을 무릅쓰고 쾌락하였다. 이 원고로 많은 것을 새로 알게 되었으며 독후의 감동을 가라앉히는데 시간이 필요했다. 특히 가산 하나 없이 겨우 돌배기 자식 斗鉉만을 동갑의 아내에게 맡기고 26세에 요사한 아버지, 거친 세상에 의지할 곳이라곤 하나도 없이 홀로 남겨진 두현 母子분들의 그 역경엔 연민을 느끼지 않을 수 없었다.

사서삼경에 능통하셨던 어머니와 日政下 善隣상업학교 졸업생인 준재의 아버지가 내려 주신 두현의 몸과 마음과 두뇌가 역경을 이기도록 한 원동력이 아니었을까 생각하며, 지금까지의 그에 대한 나의 인식은 모두 옳았다고 확신하게 되었다. 중리의 다른 저작물이 그러하였듯이 이 자서전은 배우는 사람, 가르치는 사람, 부모를 포함한 사회인 모두에게 널리 읽혀졌으면 좋겠다고 생각된다.

2008년 새해 아침

■ 시인의 말

서원(誓願)

서원의 길
아득한데, 늘어나는 흰머리

자서전
가당찮은 줄 알지만

숨은 뜻
다지고 다져 곧추세우고파

오늘은
서원의 길

내일은
길 걷는 모습 담아낼 수 있기를.

2008. 4. 16

차례

제1의 인생
학습기(學習期)

제1부 출생 유년 초등학교

제2부 중고등 대학 시절

제 2 의 인생

보은기(報恩期)

제3부 회사 재직 시절

제4부 가정 생활

제3의 인생
득도기(得道期)
보시기(布施期)

제5부 각공서재 생활

제6부 조상숭배

제7부 서 원

제1의 인생

학습기(學習期)

부모와 국가로부터 혜택을 받아 공부하며 자라는 시기

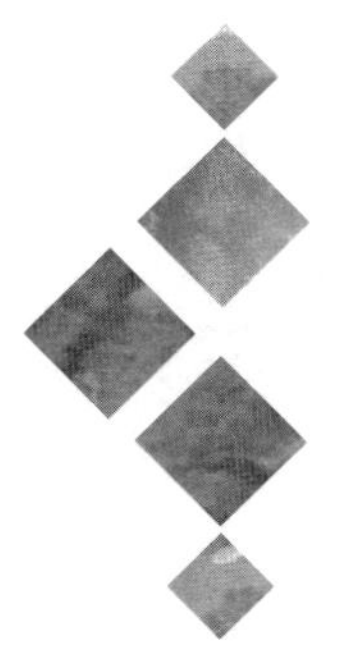

제1부

출생 유년 초등학교

구절초의 은혜

마음속 큰절을 한다
산이고 들이고 널 만날 때마다
받은 은혜 달리 갚을 길 몰라

처음 만남은 너무 민망했지
광주리 속 수북히 담긴 네 모습
나무지게 지고도 무심히 넘겨버린
아랫배 아픈데 특효약이라 해서

쓰디쓴 엿으로 환생한 너
어찌 그리도 신묘한가
아침 한 덩이씩 질겅질겅 반년 만에
한방 양방 두 손 다 든 10년 묵은 고질병[1] 거뜬히 몰아내다니

구절초야! 구절초야!
하나 더 고쳐주지 않겠니?
복 지을 생각은 안하고 남의 복 넘실대는 저 고질병[2].

1) 고질병 : 열 살이 넘도록 아랫배가 사르르 아파오면 기운이 쏙 빠져 길을 가다가도 쪼그리고 앉아야 했던 만성병.
2) 고질병 : 하향 평준화 정책으로 모두 못살게 만드는 좌익병.

2007. 7. 6

우리 고향 노숲(魯林)

원주 치악산
까치의 보은(報恩)설화 심금 울리는

뻗어내려 뭉친 경경산 자락의 노숲
남한강과 섬강의 맑은 물이 휘돌아친 명당

삼국시대엔 요충지
고려조엔 법천사의 지광국사 거돈사의 원공국사
국보급 보물도 많고 많아

공자님의 노(魯)나라 나무 심은 마을답게
조선조엔 3정승 6판서 배출한 야당 남인의 거점

실학의 비조(鼻祖) 한백겸
오도도원수(五道都元帥) 명재상 한준겸
인조대왕의 왕비 인열왕후(仁烈王后)의 고향이라오

왕비 3명이 태어난 고장
선조 계비 인목대비(仁穆大妃)도 후궁 김씨도 이웃마을

옆동네 큰 시인 손곡 이달(李達)은 홍길동전 허균의 스승
바로 강 건너엔 비운의 명장 임경업(林慶業) 장군 생장한 곳

날이 갈수록 오름세인 우리 고장
산 좋고 물 맑고 교통 편리해

빛나는 문화유산 잘 가꿔 낸다면
우리 고향 노숲의 옛 영화 머지않아 되돌아오리.

2007. 6. 11

호랑이 두 집안이 빚어낸

태어난 새끼
1938년 호랑이해 호랑이 달, 서울 상왕십리 영미다리께
아버지(韓基成) 직장 따라
제일고보 부럽지 않은 일본인학교 선린상업 수학한
사서삼경 통달한 전주 이씨 호랑이 어머니(李晃教) 사이에
청주 한씨 집성촌 원주 노숲으로 내려가, 돌 때 돌아간 부친 쫓아

호랑이 할아버지(韓晚愚)[1]
호랑이 외할아버지(李熙英)[2]

불같은 호랑이 성격
불의와 타협할 줄 모르는 개척의 삶
보수 진보 자유로이 넘나드는 하늘을 찌를 듯한
호랑이 두 집안이 빚어낸 산물의 정체성임을 느끼게 하는.

1) 호랑이 할아버지
너무너무 엄격한 집안 분위기
노론 천하에 야당 남인의 실세, 한 치의 허점도 용납 안 되는
대원군 시절까지 정승 배출한 사대부 적손(嫡孫)
인조대왕의 장인 오도도원수 서평부원군 충익공 한준겸(韓浚謙) 11대손
콩나물죽 3년 의지 탁월한 경륜으로 졸부이룬 근검절약의 선봉장
양반상놈제도의 타파를 부르짖은 삭발한 진보혁신의 기상 역력해
만나는 이마다 기에 눌려 두려워하는 범띠의 무서운 호랑이

2) 호랑이 외할아버지

상투를 끝까지 지키고 선산 석물을 도맡아 한 보수적 한학자
자식영재교육 너무 치중하다 두 아들 잃어 쓰라림 안기도 해
최신문물 들여다 써 고을에서 견학 오게 만든 진취성의 멋쟁이
아름다운 정원 바라보며 사랑방 식객과 한시 읊조리며 풍류 즐긴
콩 하나도 형님과 반쪽씩 나누고 조석문안 거르지 않는 도덕군자
임진왜란 때 군량미 조달공신 파곡 충간공 이성중(李誠中) 호조판서
11대손
기침 소리에도 놀라 사랑방 앞 지나기 꺼려, 인근에 소문난 호랑이

2007. 7. 14

출생의 흔적 더듬으며

서 있는 나
청계천 영미다리 빨래터
어머니 그리운 날이면

어머니 생애의 황금기
퇴근하는 남편 기다리던
갓 낳은 아들 기저귀 빨며

상왕십리 보금자리
고향으로 내려가기 전 짧디짧은
내 돌 막 지나 돌아가신 아버지 따라

빨래터 이야기
아직도 귓가에 쟁쟁
되돌릴 수 없는 그리움, 이야기로 다시 태어난

들리는 듯
두드리는 방망이소리
뽀얀 물보라 속 빨래하는 아낙네의

나를 반긴다

피라미 후손들이 떼 지어
그 옛날 전설을 안다는 듯 꼬리 치며.

* '인연' 중 리메이크

2007. 8. 10

똥할아버지

깔깔깔
외가 아주머니 누나들
두 돌짜리 아기 둘러앉아

"할아버지가 무슨 할아버지?"
"똥할아버지"
"왜?"
"못 가게 하잖아"

악을 쓰고 울었지, 어머니도
어렵게 어렵게 호랑이 꺾던 날
외할아버지 위독하다는 소식 듣고

골 깊은 애증
가슴과 머리는 따로따로
성난 눈초리로 야단만 치는
"제에미 치맛자락이나 붙잡고……"
"쭈뼛쭈뼛하지 말고 썩 다가와"
"고무신짝 벗어 던지고 맨발로 뛰어다니지 못 하고"

단 한 번의 안아줌도
단 한 번의 안김도 없는

다만 구수한 옛날이야기로 겨우겨우 남남은 면한

질책만큼 커져 가는 반항심
자립심은 무쇠처럼 되어 가고.

2007. 7. 18

뻘거벗은 산채 친구

호랑이해 녹음 우거진 유월 이십오일 새벽

고이 잠든 평화로운 마을
횃불 높이 치켜든 군마 큰 칼 휘두르며 들이닥쳐
북쪽 고개 넘어 깊은 산 속 뻘거벗은 산채 친구들

믿고 믿다가
설마 설마 제 고향 제 부모형제인데
아무리 집 뛰쳐나간 망나니기로서니

달려온 먼 이웃들
강물 이룬 붉은 피비린내 비명 소리에 놀라
그들의 고귀한 희생 너무너무 크고 고마웠지

겨우겨우 평정 되찾은 마을
아직도 아물지 못한 상처 달래 온 57년의 세월

그래도 목 빼어 기다린다
집 나간 녀석 제발 옷만 걸치고 돌아오길

순진무구함이여!

또 당할까 봐
오늘도 산채 아래 흰 쌀가마니 높이 쌓아놓고 오는 형제들아.

2007. 6. 26

학질(俺疾)

– 일제(日帝) 소년 시절

키니네 한 알 없어 하루거리*가 날마다 찾아온 말라리아
노오란 몰골 시뻘건 용광로 속을 헤맨다, 헛소리 지르며
외로이 목숨 걸고 싸우는 어린이 지금도 어디엔간 있을 텐데.

* 하루거리 : 학질 또는 말라리아라고도 한다. 학질모기가 퍼뜨리는 열병으로 심하면 날마다 앓게 되며 생명이 위태롭다.

2007. 5. 26

역겨운 스루메* 냄새

처음 맡는 냄새
1 · 4후퇴* 피난길 노숙하던 첫날밤
활활 타는 모닥불에 던져진 무엇이 타는

스루메 어쩌고저쩌고
쫑긋 세운 귀에 들려오는 소리
코를 찌르는 내음 참기 어려워

몇 해 지나
스루메의 정체 밝혀졌지만
굽는 냄새 비호감(非好感) 영영 역겨워

먹는 것은 좋다
혼자 먹으려면 냄새는 피우지 말아야
이웃 배려 못하는 인간 그때나 지금이나 태풍의 핵.

* 스루메 : 오징어의 일본말로 해방직후 널리 쓰임.
* 1 · 4후퇴 : 6 · 25전쟁시 중공군의 남침으로 인한 1951. 1. 4 유엔군의 후퇴를 일컬음.

2007. 6. 21

홀로 선 소년

– 피난길에 터진 분노

암소 두 마리
외할아버지가 준 송아지 불어나
피난길 든든한 버팀목 되어 준

꽁꽁 얼어붙은 길
이리 미끄러지고 저리 자빠지는 소 일으키랴
아침저녁 질마 얹고 내리는, 남의 손 빌려야 하는 열세 살 소년

너무너무 무관심
아비 없는 작은집 손자에
온통 외손자, 큰집 손자만 얼구떨구

공주 계룡산행 선언
도움 주던 작은당숙 간다기에
어린 손자 일방선언에 할 말 잃은 할아버지

공주 피난 1년
타향의 소년 가장 기죽지 않아
어머니 누나와 세 식구 똘똘 뭉쳐, 당숙과도 멀리 떨어진 채

돌아온 고향
기다린 건 종이호랑이와 다 타버린 집터뿐이지만
꿈 일궈낼 주경야독의 힘찬 발걸음은 이미 잉태된 지 오래.

2007. 7. 19

예산 장터의 넉넉함

– 1·4후퇴 공주 피난 시절

낯설은 풍경
둥근 맷방석 위 쌓아 올린 새우 탑

처음에는 한 개
슬슬 눈치 보며 한 움큼

먹고 먹었지
입 안이 깔깔해 먹을 수 없을 때까지

돌아오는 고갯길
난데없는 먹구름이 몰고 온 천둥번개 소낙비

물에 빠진 몰골 되어
뛰다 멈춰 마주보며 웃는 모자
공짜로 먹은 새우 젓값 떠올리며

빈손 장이지만
괜찮은 하루 백여 리 길
속과 겉이 퉁퉁 불어 거뜬한.

2007. 5. 15

논나생이* 죽

— 1·4후퇴 공주 피난 시의 굶주림

푸성귀라곤 없는 초봄 파릇파릇한 논바닥
한 톨의 쌀도 불리려 뜨어다 쑨 죽
쌉쌀한 멀건 논나생이 국에 밥풀 띄워 목숨을 맡긴다.

* 논나생이 : 냉이와는 다른 다년초로 주로 논이나 도랑에 자라며 지난 가을에 나와 월동한 것으로 맛이 쌉쌀함.

2007. 5. 24

꼬르륵꼬르륵 초파일

– 1 · 4후퇴 공주 피난 시절

난생 처음 절 인연, 밥 준다기에 찾아간 공주 마곡사
이리 기웃 저리 기웃 뽀얀 먼지만 뒤집어쓴 파김치 하루
화려한 저 연등 그림자에 묻힌 꼬르륵 소리.

2007. 5. 21

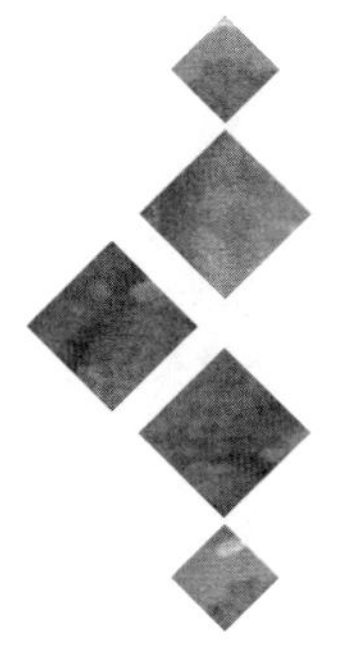

제2부

중고등 대학 시절

수제비 맛

보라색 감자
몽당 놋숟갈로 박박 긁어 깐
펄펄 끓을 때, 빨간 연탄불 위 회색양은솥 안에서

묽은 밀가루 반죽
주걱 위에서 숟갈총 마음대로
뜨거운 물속으로 다이빙 시켜 만든 기기묘묘한 모양

구수한 맛
썰어 넣은 텃밭 파란 파의 향긋한 냄새 곁들여
생김새 감상하며 한 끼 때우기에 모자람 없는 음식

6 · 25의 선물
중학진학 못하고 나무지게 지던 시절
행상 나가신 어머니 마냥 기다릴 수만 없어 만든

어쩐지 내키지 않아, 수제비
아린 추억이 아린 맛을 내나 보다
추억이 맛을 울리고 맛이 추억을 살리는 연기의 세상이어라!

2007. 6. 30

알찬 전업농부 365일

– 15세 소년 시절

소년 농사꾼
꿈에도 상상 못한 일
6 · 25가 세상 뒤집어 놓기 전까지는

눈물로 얼룩진 봄
형 믿고 중학모 쓴 친구들 바라보며
아무리 공부 잘해도 딱히 길이 없던 전시(戰時)

새로 지은 집
USOM*이 보내 준 고마운 나왕목으로
대목(大木)의 조수되어 구석구석 내 손이 간

정직한 농사
논밭에서 흘린 구슬땀 헛되지 않아
다음해 농사자금 진학비 겨우겨우 마련돼

뜻밖의 강원도 내 2등
중학입학자격 국가고시, 공백기 2년 뛰어넘어
밤에 틈틈이 읽은 간단한 문제집 한 권뿐인데

알찬 전업농부 365일
길고 긴 마음속 시간 견디고 견디어
깊이깊이 새겨 놓은 삶의 철학 아직도 빛이 나는.

* USOM : United States Operations Mission 미국대외원조기관.

2007. 7. 21

비를 사랑하는 소년

뉘라서 시들시들 죽어가는
곡식을 살려 낼 것인가

뉘라서 쩍쩍 입을 벌려 신음하는
논바닥의 갈증을 풀어 줄 것인가

뉘라서 바싹바싹 타들어가는
중생의 마음을 시원하게 적셔 줄 것인가

뉘라서 찾는 이 드문 외로운 집에
선물 보따리 멘 손님으로 찾아 줄 것인가

뉘라서 논밭 몇 뙈기와 허약한 몸뿐인
소년가장 농부의 학비를 대 줄 것인가

주룩주룩 비가 내리는 날이면
정신이 맑아지고 힘이 샘솟는다

아무리 수해가 크고 세상 사람이 비를 탓한다 해도
비는 생명이오 보물이오 축복이오 하늘이오

종지잔이 넘친다 탓하지 말고
축복의 잔을 키우는 지혜가 그리운 계절이어라.

* '인연' 중 재조명

2006. 7. 29

가지나물처럼 빠르게

왕복 40리 길
어둡기 전 농사
밤공부하던 중학 시절

아침 식사
3분도 길어
이[齒]가 별로 할 일이 없었지

미끈둥미끈둥
보리쌀 섞인 반지기 밥
찬물에 말아 꿀꺽 삼키고

텃밭에서 딴
밥에 푹 찐 매끈한 가지나물
입 안에 휙 둘러 식도 따라 활강시켰지

오 리도 십 리도
바람처럼 달린다
창자 속 나물과 경쟁하며

스키 닮은 가지

양발에 붙잡아 매고
세상 미끄럼 타는 꿈을 이제도 꾼다.

2007. 3. 17

소년농부의 소나기

소년농부의 몸
땀 흙먼지 덧씌워 불가마에 구워지려는

기도 덕분인가
잔뜩 움츠린 여린 잎사귀 고사리 손의

자비의 손길 내려
한 줄기 시원한 소나기의

와! 하는 환호성 속
일어나는 흙먼지의 냄새도 향기로워

행복에 젖은 소년농부
호미 대신 책 펼쳐 들고 벙글대는

한 줄기 소나기가 바꿔 놓은 세상.

2007. 8. 11

왕누깔 사탕*

둥근 배불뚝이 유리 항아리 속 왕누깔 사탕
걸어 40리 통학 길, 허기진 날은 주먹만큼 커져버리는
올 적 갈 적 군침 삼키며 희망 갖게 한 고마움 잊지 못해.

* 왕누깔 사탕 : 해방 후 먹을 것이 귀하던 시절 아이들한테 인기가 높던 애기 조막만 한 크기의 사탕.

2007. 5. 8

스트라이크(strike)

– 중3 시절 동맹휴학

놀란 가난한 학생
달걀 한 꾸러미 값의 월 후원회비에, 흙담 교사 다시 지으려는

까무러친 학생
"중학은 의무교육 아니니 능력 없으면 못 다니는 게지"
담임선생이 내뱉은 말에

흥분한 학생회장
동맹휴학 이끌어 낸, "후원회비 징수 백지화" 선언에 되돌아오고

정학 처분은 감수한다, 주동자로서
품행 가(可)는 너무해, 입시원서 양(良)도 안된다니
전교 1등 성적에 어느 학교도 뽑지 않을 치명타

역시 달라, 서울 일류 학교
품행 사유 묻지도 않고 합격, 결국 돈 없어 못 갔지만

체험의 값비싼 교훈
세상을 흔들어 뒤집는 지도자의 말과

자라나는 학생 앞길 막는 일만은 삼가야 한다는

지도자의 말은 점점 거칠어져 가고, 상처만 깊어 가는 세상이
어라.

2007. 6. 12

그리운 할아버지

껄껄껄
호탕한 웃음소리
밖에선 쾌남 안에선 호랑이 할아버지

나 좀 일으켜라
병문안차 내려온 손자에게
돌아갈 날 2개월 남겨 놓은 고2 여름방학 때

"네 애비가 잘 산 인생이란 생각이 든다"
"왜요?" 깜짝 놀라, 26세 요절한 아버지라
"장가도 들어보고 자식도 낳아보고 직장도 가져보고 깨끗이—"

무거운 침묵도 잠시
남은 시간 아쉬워하며 많은 얘기 주고받은 유훈의 시간
마음 터 가까워진 지 2년이 채 안되지만
고교 진학시험 보러 상경해 숭인동 돈암동 성북동 함께 걸으며

멀리 입양 온 아홉 살 어린이
부와 명성 한 몸에 지닌 입지전적 인물이지만
일찍 앞세운 두 아들과 병 깊은 장손으로 내리막에 선 할아버지

너무너무 늦게 서로를 아끼는 사이로 다시 태어났다네

다 사라져 버린 재산일랑 잊으소서
손자 가슴속에 거룩한 정신 살아 숨 쉬오니.

2007. 7. 25

어리굴젓에 비친 할머니*

있으면 먹고
없어도 찾지 않는 어리굴젓

노년엔 늘 약주에 취해
어리어리 살다 가신 할머니
남양 해안가 친정 그리워 더욱더 좋아하던 향수의 비린 맛

어쩌다 한 사발 생기면
밥맛 없단 어리광(?) 쑥 들어가고
아끼고 아끼느라 굵은 소금 더 쳐 짜디짠 맛

싸게 싸게 산 돌밭
달밤 지새우며 돌 골라내어 이룬 졸부
군침만 삼키며 허리띠 졸라매고 지킨 큰 집 재산
3대도 못 채워 사라지니 더욱 아리기만 한 퍼런 피멍의 맛

깜짝 놀라 눈을 번쩍 뜬다
"오늘은 특별히 어리굴젓이 나왔어요" 식당 아줌마 말에

이게 웬일인가?
오늘 할머니 기일이라 어리굴젓 생각 속에 잠겨 있는데

세월이 가면 갈수록
안개 낀 어린 눈 만들어 주는

할머니 어리굴젓이여!

* 이종남(李鍾男) 할머니 : 전주 이씨 文簡公 芝峯 이수광(李睟光) 선생의 12대손으로 68세에 별세.

2008. 1. 16

눈[眼] 속의 연인

까만 연탄가루 날리는 썰렁한 용산역 통학 길
말 한 마디 건넴 없이도 맨날 마주치고픈 이름 모를 여고생
흐르는 세월 아랑곳없이 지금도 싱그러운 틴에이저, 눈 속의 연인.

2007. 5. 7

죄(罪) 적게 지을 찬스

하루 더 살면 사는 만큼 늘어나는 죄
삶의 마무리가 길[道]이라는 신념의 시절
홀어머니 외아들 죗값 계산하다하다 못해 놓쳐 버린 찬스.

* 고교 시절 인간의 행동이 액비통의 구더기같이 더럽게만 느껴져 죄를 조금이라도 적게 지으려면 자살이 최선이라는 생각에 깊이 빠졌으나, 외아들이 홀어머니에 지을 무거울 죗값 어찌할 바 몰라.

2007. 5. 4

대학 진학 접던 날

살고 싶거든 휴학 치료 하시오
날벼락, 고2 초봄 어느 날
무뚝뚝한 교통병원 내과 과장이 뱉은 말

담임 붙들고 흘린 눈물
서울공대 국비 장학생만이 꿈이던 시절
8시간 취침, 안정, 약물치료 서약 후 휴학만은 면해

대입과는 너무 거리 먼 특수교
수재만이 아닌 절반의 보결생*이 있는 평준화교실
4시간 자고 입시준비만 해도 떨어지는 고통고(苦痛高)
국 영 수 인문고의 4분의 1도 가르쳐 주지 않아

계획수정
취업 후 도전키로
수석 졸업 하여 서울역 배치 받아

대학 진학 접던 날
그래도 아주 외롭진 않아
하늘도 울고 땅도 울어 주었기에, 내 마음 따라.

* 보결생 : 직장이 보장되는 학교이기 때문에 부패한 자유당 시절 너도나도 줄을 대어 들어온 학생.

2007. 6. 27

너도 시험 보러 왔니?

– 서울대 공대 시험 보던 날

너도 시험 보러 왔니?
진학 준비만 한 골수파 30여 명, 학교공부 집어치우고

의심스러운 눈초리
취업 선봉장 주제에, 수석 졸업 서울역 맡아 놓고서

분위기나 파악하려고
진솔한 대꾸, 못 올 데를 온 것 같은 미안함까지 느끼며

이게 웬일?
문제 수는 5배로 늘어나고, 행운의 비까지 내려
최소분량 완전학습의 효과로 그럭저럭 끼적끼적

학교서 다 풀어 본 문제야
전세 버스로 몰려온 경기 서울 애들의 의기양양한 말 말 말
생전 처음 보는 문제라 끙끙거리고 나온 놈 귀에 대고

열차에 지친 몸 던진다, 신공덕역
언제고 꼭 들어오리라, 다짐 다짐 또 다짐하며.

2007. 6. 29

나끈 없는 놈

나오지 마라
나끈 없는 놈들
거리낌 없이 뱉어 내는 과대표

신공덕동
배에 단물 오르면
모여드는 볼록 가슴에 배꽂 단 이방인

그룹팅
난생 처음 할 수 있는 기회
산산조각이 나던 날

삼킨 울분
쓰라린 아픔이 토해 낸
까만 물들인 군작업복 속에서

그대는 스승
가진 자 못 가진 자 나눔이
얼마나 어리석음인지를 깨우쳐 준

오늘도 매고 뛴다

겉치레 아닌 현역의 자부심 안고
곰삭힌 응어리의 힘 받으며.

2007. 4. 10

이루어 낸 조기 졸업의 꿈

수업완료
4학년 1학기로
학적부 마지막은 빈칸

조기 취업 위해
병든 몸 이끌며
얼마나 절박하였기에

아주 드문 일
말로만 들은 정도
그런 선배 있었다는

4학점씩 더
2학년부터 학기마다 24로
성적이 우수할 경우에만 허용되는

기계과 전기과로
고교 닮은 꽉 짜인 시간표 속 틈새 비집어

힘겨운 일
학점 더, 우수성적

기초 부실한 지방중, 특수직업고 출신의

떠오르는

아린 추억.

2007. 10. 4

동명이인 아닌가요?

동명이인(同名異人) 아닌가요?
헐레벌떡 이층 교무실에 뛰어들어, 교통고인지 아닌지
게시판 합격자 발표문은 비바람에 다 찢겨나가
현관에 나붙은 대학신문 속 내 이름 혹시나 하여

아무래도 찜찜해, 확인하고파
발표난 지 일주일이 지나 놀러 오라던 경주 친구 집 가기 전
시험 본 줄 알까 봐 안집 신문도 못 빌리게 해
도둑놈 심보 아니고야 어찌 감히 바랄 수 있겠냐고 퉁퉁거리며

기적에 가까운 행운
2년간의 암울한 투병생활
앉아 있는 체육시간, 소리 내어 읽지 못하는 책, 8시간 취침
포기한 경주 수학여행, 남몰래 꿀꺽 삼키는 수도 가 한 움큼의 약

이제 살아나려나 보다
"하늘이 나를 버리지 않는구나" 하는 안도감
대학 4년 내내 치료로 완치된 것은 가장 큰 합격의 선물

받은 은혜 꼭 갚고자 잠 못 이루는 밤 길어만 가네.

2007. 7. 3

제2의 인생

보은기(報恩期)

학업을 마치고 사회에 나와
일하면서 자식을 낳아 잘 길러
국가사회에 내보내 줌으로써
제1인생에서 받은 은혜를 갚는 시기

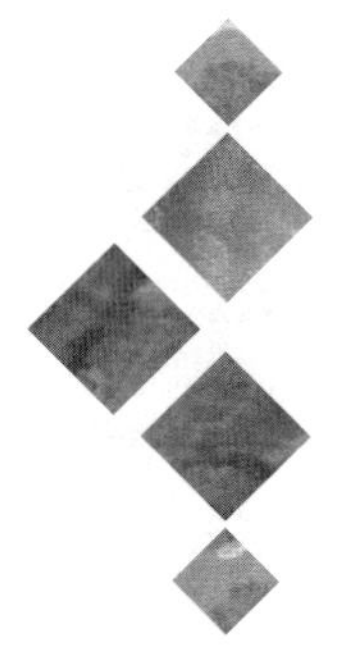

제3부

회사 재직 시절

한 우물 35년

졸졸졸
맑은 샘물 소리 이끌려 찾아간 청춘
너도나도 몰려들어 큰 도시 이룬 명당자리

콸콸콸
거대한 펌프로 빨아 올려 상수처리 하수처리
어느덧 반백 된 청춘, 나라 안 첫손가락 기술자 되어

줄어드는 지하수
도시 사람들 하나둘 다른 곳 눈 돌릴 무렵
새로운 삶 살고픈 청춘, 시장 자리 내어놓고 홀연히 감춘 자취

우담바라(udumbara)*
꽃봉오리 맺히기 기다렸다 피땀으로 보듬어 키워
활짝 핀 기쁨 함께 누리다 오므라들 무렵 떠난 듯이

너무나 절묘하여라
생체리듬 곡선 따라 움직인 한 우물 35년의 역사여!

* 우담바라(優曇華) : 인도에서 3000년 만에 한 번씩 꽃이 핀다는 상상의 식물.

2007. 7. 27

찜통 5년의 젊음

5분도 안 걸려
속겉옷 흠뻑 젖는데
습도 100% 실온 40℃ 넘어
차라리 젖고 나야 편해지는 찜통 속 직장

양조장건물
공장으로 그대로 쓴
주위민원 무서워 창문 하나 없는 벙어리 집

입사 5년의 경력
발싸개에 목 긴 고무장화로 무장한 채
밤낮근무의 열악한 환경, 젊음으로 이겨낸

공짜 없는 세상
새 공장 짓고 이전
연속식 최신시설의 주역 되어

지금도
얼마나 혼났기에
사우나는커녕 목욕탕도 안 가

강훈련으로 치러진 기술자인생의 신고식.

2007. 8. 9

최고 최대 가공회사

품질 최고
생산량 최대, 월 750만 마의
국내외 자자한 명성의 섬유가공회사

시대의 주역
한때 군복지 가공으로 이름 떨친
이어 한국섬유수출의 견인차 역할을 담당한

깨끗한 폐수
하루 5,000톤 처리능력을 갖춰
70년대 최초로 최첨단 활성오니법 도입으로

77년 상장회사
준법정신이 투철한 모범의
국가사회에 공헌하는 기업의 자부심으로

늘 목마른 영혼이여!
최고 최대 최초 최첨단에 길들여져.

2007. 8. 10

버팀목의 기술자 자부심

모른다, 짐작하기도 힘들다
해 보지 않고는 임가공(賃加工)*의 어려움

황당한 상황, 고객만족의 품질 납기란
평준화로 몰려든 학생 몽땅 서울대 넣기 만큼이나

하루 12시간, 일요일도 없는 수개월씩 연속되는 가동
잠자는 시간마저도 끊임없이 파고드는 고민 고민의 문제점

살아 남기 위해 결심했다
전문서적에 파묻혀 연구하기로, 이것만이 탈출구란 신념하에

노력은 헛되지 않아
짭짤한 부산물을 얻었으니

기술사가 되었다
입문 14년에 가공분야 7호로, 선배들로 문턱이 높았던 시대에

발명특허를 냈다
8760호 2964호 29646호 창사 이래 최초최후이며 큰 보탬이 된

최고 최대 최첨단의 우두머리 기술자만이 아닌

발명가로 기술사로 기술사시험출제 위원으로의 활약이

주저앉으려는 나의 든든한 버팀목이 되어 주어준
기술자의 자부심!

* 임가공 : 고객이 맡기는 물품을 일정한 값을 받고 가공하는 일.

2008. 2. 1

채용 면접 5,000여 명

지름길
면접 채용 관찰 평가는 사람연구의

관심사
사람 보고 예측하고 결과 맞춰보는, 어릴 적부터
새색시 들어오는 날이면 다 크도록 각시놀음 좁은 방 끼어 앉아

뜨인 눈
신기할 정도로 맞출 때 많아

"과장! ○○○사원 이상해, 아무래도 그만둘 것 같아"
"그럴 일 절대 없을 겁니다 어제도 만났는데요"
"잘 살펴봐"

한 달쯤 지나
"○○○사원이 그만둔다네요, 한 달 전에 어떻게 아셨나요?"
"경례 받으며"

나타나는 마음
몸짓 하나하나에도
큰 보탬 돼
알면 가정생활 사회생활 자식교육에.

2007. 8. 9

씁쓸한 추억

– 맥주 마실 때면

신입 사원 환영회

이끌려 간 "입가심"이라던 2차
아이 뭐 닮은 브라운색
씁쓸한, 생소한 맛

"이런 건 왜 먹나요?"

당황한 스폰서 고참 사원
씁쓸히 미소 지었지
살짝 얼굴 붉히며.

2007. 4. 1

엿본 저 세상

이런 환자는 받지 말았어야
회진 온 병원장 내뱉은 말, 잠시 귀를 의심한 나
회사 지정병원이라 어쩔 수 없이 받았다는 표정

웬지 담담한 심정
사형언도를 받는 순간, 입사 첫해 뜨거운 여름날
창자가 꼬인 듯 떼굴떼굴, 붉으락푸르락 온몸의 두터운 두드러기
헉헉 숨 몰아쉬며 링거 꽂은 채 눕지도 못하고 밤 꼬박 새는

아무 내색 없는 어머니
비장한 각오를 한 열사의 표정으로
홀로 병상 지키며, 상한 보신탕 사 온 죄 뉘우치는 듯

불러 줘요
마지막 가는 길 인사가 왜 필요한지, 몇몇 친지 불러 만나

이제 위험한 고비는 넘겼습니다
입원 5일째 되던 날 환한 미소 띤 원장의 한마디

하늘을 날을 듯 기쁜 심정도 잠시
나와 무관한 저 라디오소리, 창밖 숲 새의 지저귐 가슴 파고들어

엄습해 오는 보잘것없는 한 인간의 허무감

고난도 서커스 인생 단막극이여 안녕!

2007. 7. 5

송영대(送迎臺)

꾸뻑 꾸뻑 꾸뻑
뒤로 돌아 절하고 손 흔드는 60년대 진풍경
김포공항 2층에 마련된 송영 대위 배웅 나온 일가친척 향해
돌아올 때 다시 한번 트랩 내리며 손 흔들면 마중단 환호성

해외 연수
1달러도 아끼던 68년도 더 큰돈 벌기 위해
낮은 품질 저생산성의 옛 기술 시설 보내고
높은 품질 연속대량생산의 새 기술 시설 들여와 익히려
기술인생의 전환점 이룬 나라 안 일번타자 되어

더듬 더듬 더듬
홀로 공부한 일본어 겨우겨우 의사소통
두 달 지나니 그런대로 불편함 못 느껴
기술도 배우고 외국어 하나 마스터한 알찬연수

돌이켜 본다
송영대 사라진 지도 옛날
그 위에 서 있던 분도 떠난 이 너무 많아

옛것 보내고 새것 맞이함

너무너무 빨라진 세상 속
깊이깊이 간직해야 할 보배 하나

우리의 혼(魂).

2007. 7. 28

마음 무거운 영상(影像)

떠나다니
공고 나온 30대 초반
돌고 돌아 들어온 지 얼마 안 된 전기사원

큰 고함소리에
아무리 놀랐다 해도
며칠 빠지다가 부음 보내올 줄이야

용접 불똥
마구 쏟아져 내려
급한 마음에 공장 떠나갈 듯 소리쳤지

지병 있어
투약 중이었다지만
어찌 일갈(一喝)에 그런 일이

지우려 하면
더욱 선명해지는 영상
업의 그림자는 질기고 무거워

그대 극락왕생하소서

지워지지 않는 업장(業障)
마음속 깊이 담아 다시 태어나리니.

2007. 3. 20

호기(豪氣) 부린 만취(滿醉) 테스트

45세 전무이사
술 못 마시기로 유명한
"자! 소주 더 가져와 자네도 한 잔 또 자네도……"
보리차 컵에 가득가득 채워 돌린다, 무려 20여 명에게

임직원 간부 망년회
사장 부사장 자리 뜨자, 기다렸다는 듯이
"나 술 취하면 어찌되는지 알고 싶어서"
깜짝 놀라 만류하는 것 뿌리치며

철저한 어머니 교육
"술 먹은 개다, 어딜 가도 못 먹는다고 해야 한다"
"건강도 재물도 다 잃기 십상이다"

충실히 지킨 입사 20년차
자신감인가? 자만심인가?
이젠 마셔도 다 지킬 수 있다는

정신은 말짱
말 안 듣는 몸
타는 가슴이 전부인 테스트 결과보고서를 위해

무시무시한 소줏불
술 먹고 간 아무개 소리 듣기 싫어
밤새 오이 먹으며 싸워 이긴 비극 될 번한 희극

호기인지 치기인지 광기인지
아리송.

2007. 7. 31

승벽(勝癖) 강한 덕에

이길 때까지
또 또 또 날이 저물도록
유명한 승벽 "아무개 하고는 게임을 하지 마"

따지지 않는다, 잃은 놈은
이왕 못 고칠 것이라면

따져본다, 얻은 놈은

열심히 살았다
공부도 일도 남에게 지기 싫어

분수껏 살았다
남보다 못 할 것은 시작도 하지 않고

노름을 안했다
이기기보다는 지는 게 많은 사행성이라

게임을 피했다
바둑도 골프도 늘 이길 수만 없기에

절약된 시간 돈

독서 조각 등산으로 이어져
타고난 승벽 승화시켜 살아온 삶

후회 없어.

2007. 9. 21

뛰어보지도 못한 꿈을 안고

이건 아닌데
과학자 되어 세계무대에서 뛰어보려던 꿈

주저하지 않았으리
가난 만이었다면 무엇인들

살아남기 위해
병든 몸 플러스로는 어쩔 수 없어

달래고 달래려
읽고 읽은 세월, 기술 경영 사회 철학 닥치는 대로

얻어진 보너스
기술자명성, 기술사-시험출제위원, 발명특허 몇 건
글지이로 다시 태어나게 된 것 역시

이렇진 않을 게야
코스를 달리다 쓰러졌다면

늘 아쉬운

꿈!

2007. 10. 9

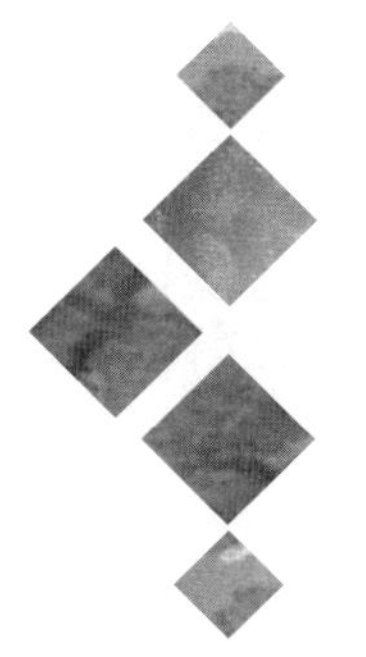

제4부

가정 생활

나의 모두가 된 어머니

어머니

나의 보름달이 된 어머니
돌 때 아버지 여읜 외아들 깜깜한 밤 무서워
치맛자락 붙잡고 졸졸 따라다니던 어린 시절

나의 태양이 된 어머니
사서삼경 통달 묻어두고 일자무식인 양
광주리 행상 해 전란 중 외아들 먹여 살린

나의 별이 된 어머니
고희 맞아 어머니보다 더 많이 살아온 내게
버려지는 아이 없는 세상 만들라는 꿈 심어준

바로 내가 된 어머니
아주 아주 오래전 돌아가신 줄 알았던 어머니
내 몸속에 아직도 살아 숨 쉬고 계시니

갈수록 내가 나만이 아님을 깨달으며.

* '인연' 중 리메이크

2006. 12. 22

맞선NO 장모님

– 소개팅 약속한 장인어른의 곤경

신대교(辛大教) 전무이사
당시 국내 제일의 대기업 대성목재
아버지동창 찾기 1호로 만난 분, 먹고살 만해져

환담 중 당신 고명딸 소개 약속
딸 있는 줄도 모르고 갔다가 얻은 뜻밖의 선물
여름이 가고 가을이 지나도 이 핑계 저 핑계로 세월만 가

당돌한 방법을 썼지
회사로 전화 걸어 "이웃집 처녀 믿다 장가 못 가는 격"이라고
당황한 장인어른 "그래그래 내 곧 주선해 볼게"

어렵게 어렵게 12월 18일
장모님의 맞선반대 장벽이 무너지던 날
기회 놓칠세라 만나자마자 동행 승낙 이끌어내

날마다 날마다 만나는 사이로 만들어
한 번 물은 먹이 놓치지 않는 맹수처럼
어려운 고비마다 슬기롭게 넘겨 성사시킨 결혼

나라도 반대할 조건
셋방살이에 단명한 내력의 홀어머니 외아들
혜안인지 실수인지 첫눈에 약속한 장인어른 정말 고마워

그래서 더욱 열심히 살아온 인생.

2007. 8. 2

쓰러진 상제

쓰러진 상제
상여 따라가다
어찌 서른둘의 젊은 상제가
온3일장 숭늉도 거부한 채 뜬눈으로 새웠기로서니

쌀쌀한 날씨
마당에 거적 깔고 굴건제복 상장막대
통곡 넘어 울부짖음, 스님의 핀잔까지
60년대 공장가동 12시간 낮밤교대 지칠 대로 지친 몸

멈춰 선 상여
깨어난 상주 부축받으며 따라가
삼우제 지낸 후 열병으로 앓아누운 일곱 날
몸도 마음도 중심 잃은 깃대

속죄인가? 자학인가?
원망인가? 애달픔인가?
지금 와 돌이켜 봐도 어느 것 하나는 아닌 듯
사느냐 죽느냐를 생각할 겨를도 없는 극한상황

누가 3년상을 허례허식이라 했는가?
아침저녁 상식 올려 상제 밥 먹을 수 있고

초하루 보름 삭망차례 통곡하여 울분 삭히니
산 자와 죽은 자의 이별 이보다 더 좋은 방법 있으랴

3년 탈상에 겨우 중심을 잡은 깃대여!

2007. 7. 12

갚고픈 고마움

불쑥 나타난
굴건제복 상장막대
덩치 부풀린 우람진 상제

"상주님 어서 오세요"
원주 역전 식당 아줌마
상냥하게 맞이한다

'69~71' 3년상
쉬는 날이면 꼭 찾아오는 불청객
청량리행 열차 기다리게 해 준 고마운 분

탈상 모습
몰라봐 모처럼 웃던 날
케이크 한 상자 달랑 들고 찾아온 청년

몇 년 후
맞이하는 다른 얼굴
무거운 발걸음 쓸쓸히 되돌려 주던 아픔

기다려진다
덜어낼 그날
고마워서 무거운 짐.

2007. 4. 5

돋나물의 상념(想念)

돋나물
미숙아 팔다리 닮은
여리디여린 연초록 봄나물

뒤뚱뒤뚱
걸음마 배우며부터
엄마 따라 뒷골 도랑가에서 뜯었지

"느이 아버지가 하도 좋아하셔서"
약관 조금 지나 제상 받으신 분
김치 담아 드리려고

먹을 때마다
깊은 상념 속으로 밀어 넣어
가슴 누르는 돌멩이나물

올 기일에도 꼭 올려 드려야지.

2007. 3. 15

어머니 사갑(死甲) 치르고 나니

1975년
돌아가신 부모님 회갑의 해
어머니 떠나신 지 7년째 되는

다지고 다졌지
꼭 비를 세워 드리리라

어려운 비문
"벼슬도 업적도 없는데 비문은 무슨"이라던 시절

5자 비문 못 채우랴
쓰자, 생생한 삶의 흔적
광주리 맺힌 땀 오히려 후손의 귀감이 되리니

늘 하시던 말씀
"짝 채워 주면 아버지 곁으로 가련다"
뜻대로 이루신 일인데 갈피 못 잡던 내 마음

큰 잔치, 어찌 편하시랴 싶어
당신 부모님 형님 석물 없이 혼자만 하신다면
비싼 석물 싼 아파트 시대, 큰 집 한 채도 아깝지 않은

내 마음 안정 되돌려준

절절한 비문.

2007. 10. 5

땅이 좋아

농사꾼 출신
땅을 좋아하는 나

절약 절약 절약
목돈 마련해 산 송파구 논다랑이, 추수해 먹으려고

팔아 팔아 팔아
몇 달도 안돼 불이 나는 전화통

안 팔아 안 팔아
무서워 벌벌 떨던 공화당 압력까지 무시한 채

담 속에 들어갈 논
교도소 자리라 농사지을 수 없다구

담 칠라면 쳐라
헬리콥터 타고 들어가서라도, 어깃장 놓으며 기(氣) 싸움

버티다 버티다
마지못해 공화당에 판 땅

반년도 안돼
산값의 곱절의 곱절 받고, 받은 돈 또 부근 논밭 사

내 서원(誓願)의 꿈 갖게 해 준 고마운 땅이여!

2007. 8. 4

자식 교육 30년

무사고 운전사
시속 100킬로 달리는 자동차의
잠시 잠깐의 졸음도 한눈도 허용 안 되는

자식 교육 명코치
잘난 선수나 못난 선수나 필요한
잠시 잠깐의 느긋함이나 조바심도 허용 안 되는

자식이 선수
능력에 앞서 뛰려는 의욕이 강해야
아무리 급해도 코치가 업고 뛸 수는 없는

머리싸움
공부하고 연구하고 시험해 보고
명코치는 최고의 경영자 일류 카운슬러라야

괜찮은 교육 환경
학교교육 위주로 밀고 가던 시대
불법과외는 엄한 처벌을 받던 독재정권의

부부합작품
남들이 부러워하는 성적, 큰돈 안 들이고
명선수 뒤 명코치를 보고 배워야.

2007. 8. 9

포수의 꿈 접던 순간

배곯던 어린 시절
사냥개 거느린 포수 멋져
돈 벌면 나도 하리라

어느 날
먹고살 만한

묻는다
장거리 달리는 버스 속 답십리 아저씨

"먼 길 떠날 때 누굴 만나면 재수 없다고 돌아가는지 아는가?"
"혹, …………?"
"아니야, 살생을 놀이로 삼는 총잡이야"

뒤통수를 한 대 맞은 기분
그 순간 포수의 꿈은 사라져

포수 불쌍해
살아서 재수 없다 손가락질 받다가
죽어서 벌 떼처럼 달려들 원혼(寃魂) 어이할꼬?

2007. 5. 13

여섯 식구 되던 날

덩실덩실 덩덩
대학병원 산실 복도, 춤

간호사 묻는다
"첫아기세요?"
"아니요"
"둘째세요?"
"아니요"
"그럼 셋째세요?"
"아니요, 넷쨉니다"
"참 이상한 분 다 보겠네"

완 샷에 음양의 길이 결정나
동지인지 춘분인지

얼씨구 덩더쿵
우리 여섯 식구 따뜻한 봄, 맞이하던 날.

2007. 5. 5

북한산 치마폭에 싸여

깊고 깊은 인연
북한산 동남쪽 화계사 아래 명당
태어나 36세에 두 번째로 지은 남향집 터

명당은 명당인 듯
얼씬하기 힘든 듯한 천재지변
오복이 비켜가지 않아 마냥 눌러 사는

홀로 산오름 1,500여 회
오르며 추월하는 쏠쏠한 재미도 곁들여
우이동 도선사 용암문 보국문 정릉에서 한 잔

캄캄한 새벽녘도 저녁도
사내 체육대회라도 있는 날이면
눈 비 쏟아지는 때는 더욱 신바람 나
쉬는 날 빠지지 않는다는 신념으로 가리지 않아

제3 인생의 둥지도
북악산 아래 창덕궁 줄기에 틀어
글 쓰고 조각하고 산책의 즐거운 나날

북한산 큰 치마폭 속 활개치는 삶이어라.

2007. 8. 6

즐거운 산 오름 1,500회

벌린 듯 오므린 듯 한 다리 사이로
요염한 자태
흘러내리는 물 따라 올라 짙은 숲 다다를 즈음
숨은 턱에 닿고 온몸은 땀에 흠뻑 젖는다

북한산
그대는 최고의 코디네이터
색상으로 소리로 향기로 꾸며 내는 그 솜씨
수천 번 만나도 또 다른 모습 새록새록 빛난다

이 세상
어디엔들 그대만 한 연인 또 있을까
오는 이 가림 없이 맑은 공기 맛난 젖 흘려 먹이고
언제 찾아도 반겨 품으니 포근한 엄마 같은 여인이어라

오늘 하루
생동하는 그대 만나 즐기면서
더럽혀진 몸과 마음 말끔히 씻어내니
밝은 내일 나 그대 닮은 삶의 물결 꾸리고 싶어라.

* '인연' 중 리메이크

2006. 4. 24

도토리 엄마 된 오줌목

깊은 산속 하늘만 빼꼼한 으슥한 자리
나를 반겨 손짓하는 상수리나무
이름도 정겨운 오줌목!

그대와 매주 만난 인연 어언 30년
붉은 홍삼 노란 비타민 온갖 특식 때문인가
내 키만 하더니만 하늘을 찌를 듯 우뚝 솟아 도토리 엄마 되었네

내 그대 곁에 다가간 이유야
잠시 사람 눈 피난처 찾아 불끄려 함이지만
이제 우리는 서로의 안녕이 궁금한 사이가 되었지

오늘도 그대 찾아 들르니
백년손 맞는 장모인 양 온몸으로 반기고
토실토실 살찐 다람쥐 무엇을 안다는 듯 끄덕끄덕 머리 조아린다.

* '인연' 중 재조명

2006. 7. 14

영원한 동반자 아내에게

아름다운 연꽃 사이로
여린 모습 감춘
곱디곱게 자란 부잣집 외동딸
루비(ruby)혼(婚) 40년의 세월

작고 초라한 웅덩이
맑고 큰 호수 만들겠다는
당신의 원력 이루느라

가뭄이 오면 깊은 밤
불 밝혀 기도하고
홍수 나면 쉼 없이 정화해

빤짝이는 물고기 떼 헤엄치고
지나는 새들도 모여 즐거이 노니네

당신은 관음의 화신(化身)이련가
언제나 환한 미소로
호수 식구만 키워 왔으니

이제 다 접고
그대 건강에 전념하길 바랄 뿐이오.

* '인연' 중 리메이크

2006. 12. 28

이런 여자가 아내라면

깐족깐족 남의 속을 긁어야 직성이 풀리는 여자

꼬투리를 잡아 싸움하기를 좋아하는 여자

토라지면 며칠씩 말하지 않는 여자

화를 내면 더 큰소리로 대들어 이기려는 여자

고집이 세고 말 안듣는 질투가리 같은 여자

상대방을 깎아내리려는 여자

불평불만이 많고 늘 우울한 여자

금방 한 말도 안했다고 딱 잡아떼길 잘하는 여자

사정을 뻔히 알면서도 무리한 요구를 하는 여자

나는 이미
저 세상 사람
이런 여자가 아내라면, 나의 아킬레스건인

늘 감사
내 수명의 버팀목이 되어 준 아내에게.

2007. 8. 14

정월 대가족 윷놀이

정월이
불러 모은
잠시 잠깐 큰 식구

담요 한 장
쌀가마니 걸어 놓고
둘러앉아 빤짝이는 눈빛

집안이
떠나갈 듯
고함 소리 박수 소리

박사나
유치원생이나
똑같이 대해 주는 네 개 윷가락

막판
잘 나가던 놈 잡히고
뒤처진 놈 얼씨구 부를 줄이야

허허허허
어린손자 놈에 당한
할아버지 무엇이 그리 좋아.

2007. 3. 6

제3의 인생

득도기(得道期)

구속되거나 책임에 얽매이지 않고
자유롭게 참다운 자기의 삶을 살면서
정신적 내면을 살찌우는 시기

보시기(布施期)

정신적으로나 물질적으로나
그간 살아오면서 수확한 것들을
남김없이 베풀고 가는 시기

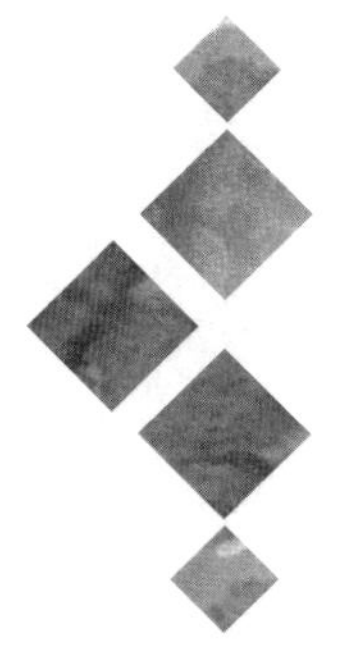

제5부

각공서재 생활

각공(覺空) 법명을 받으며

나의 법명(法名)
각(覺) 깨달을 각
공(空) 빌 공

놀랐다
뜻이 너무 벅차다는 느낌
독실한 불자 아내 덕에 앉아 받은 것인데

송구했다
계(戒)도 안 받은 처지에
숭산(崇山) 큰 스님이 지어 주시다니

흐뭇했다
이승깨달음의 예시 같아
석가모니의 열렬한 팬으로서

각공(覺空)은 아직
각공(刻工)은 진행 중

각공(刻工)이 불상을 조각한다
각공(覺空)에 이르고자

오늘도.

2007. 9. 21

접은 낙향(落鄕)

늙어 늙어서

서울이 좋아
가까이 있기에
먹거리도 볼거리도 놀거리도 자식들도

서울이 좋아
신경 쓸 일 적기에
벌레도 위생도 시비도 눈총도

서울이 좋아
늘 대기하고 있기에
의사도 경찰도 도우미도 교통수단도

임금처럼 산다
서울에서 멋지게
갖출 것 다 갖춘 옛 대궐 닮은

시간을 번다
수명을 늘린다
느려진 행동만큼 필요한 것 가까워

만족한 도심 속

둥지.

2007. 9. 24

글지이로 다시 태어난 인생

달려온 외길
고학 진학 취업 기술연마 회사근무 승진의
사명감에 앞서 먹고살기 위한 기술자 경영자로서

글쓰기 문외한
문예반 근처 얼씬도 않은 학창 시절
한 줄의 투고 경험도 없이 회갑 맞은

남기고 싶은 체험담
노하우 묻어 두기 아까워
읽거나 말거나 심정으로 쓰기 시작한 글

내가 글을 쓸 수 있을까?
내 글을 누가 출판해 줄까?
내 책을 누가 사 줄까?

세 가지 의문은 하나하나 풀려
베스트셀러 스테디셀러의 반열까지
내리쓴 다섯 권의 책 10년도 안 걸려 펴내

내친김에 시인으로 등단
취미 삼아 쓰고 싶을 때 써야지, 부담 없이

일기처럼.

2007. 8. 8

첫 시집

070201－*
돼지띠
탯줄 잘린 알몸

쭈글쭈글한 얼굴
여기저기 피멍 든
산고(産苦)

꾸미지도
꾸밀 능력도 없는
순수함

세월은
너 닮은 아기 잉태는 할 수 없으리
모반(母斑)수술 하느라고

젖 싸매고
미역국이나 실컷 먹으렴
시모(詩母)여!

＊070201－첫 시집 주민등록번호
＊'인왕산' 중 재조명

2007. 2. 1

시집보내는 날

— 첫 시집

부랴부랴
준비 안 된 딸
시집(詩集)보내는 심정

배운 것 모자라
촌스러운 용모
힘없는 친정

낯선 문화 환경
구박은 받지 않을까
쫓겨나는 건 않을라나

어떤 고달픔일지라도
참고 기다려 주렴
시집(詩集) 살이도 차차 나아질 테지.

* '인왕산' 중 재조명

2007. 2. 5

조각의 길

비누조각의 만남
아이들 학습과제 거들다
만들어진 형상에 매료된 나

흘러온 세월
바쁜 시간 쪼개어 틈틈이 즐기며
여기저기 헤매다 썩다 남은 홍송 고사목에 빠져

세워진 5불 원칙
不組立 : 조립하지 않으니 통째로
不塗色 : 도색하지 않으니 흠 없어야
不師事 : 사사받지 않으니 마음 가는 대로
不評價 : 평가받지 않으니 편안한 마음으로
不性急 : 서두르지 않으니 느긋한 마음으로

그대는 좋은 도반(道伴)
언제나 마음을 편하게 이끌어 주는
언제나 만나고 싶을 때 만날 수 있는
언제나 반겨 맞아주는
언제나 정신을 맑게 해 주는
언제나 아무 부담도 주지 않는
언제나 시간가는 줄 모르게 해 주는

언제나 하고 싶을 때 일감을 주는
어디 간들 그대 같은 좋은 도반 만날 수 있으리

조각의 길에 피어나는 향기여!

2007. 8. 11

조각, 한 불상시대를 열며

불상
나의 조각품
경배 대상이 아닌 아주 친근한

반가사유상
내 운전석 앞자리 조그마한
보면 볼수록 정겨운 행운의 마스코트 같은

아담한 불상
붙여 만들지 않은 통나무 자연색의
책상 위 식탁 위 장식대 안 어디에 놓아도 어울리는

불상 하나
집집마다 사람마다
친구로서 호신불로서 손때 반질반질 묻을수록 더 좋은

조각한다
오늘도 한 불상시대를 열어 나가며.

2007. 8. 15

이어지는 홍송 속 부처님 찾기

백두 대간 깊고 험한 산속
비바람 맞으며 백여 성상 살다 간 홍송
기나긴 세월 썩고 불타다 남은 단단한 사리
맑고 짙은 솔향 뿜어낸다

어느 부처님이 숨 쉬고 계실까?
석가여래 아미타불 비로자나불 관음보살
사리 속을 뚫어지게 응시하면
어렴풋이 부처님 형상이 떠오른다

겹겹이 싸고 싼 겉옷
한겹한겹 들어내면 솔향 가득한 공간에
서서히 부처님 상호 뚜렷해져 오고
어느덧 시간은 저만치 물러나 앉는다

응시하고 들어내야
나투시는 부처님
우리 중생도 탐욕심을 하나하나 들어낸다면
몸속에 살아 숨쉬는 부처님 찾을 날이 오리니

찾으리 찾으리 살아 숨쉬는 한.

* '인연' 중 리메이크

2006. 5. 6

당신이 있기에

– 부처님 오신 날에 부쳐

석가모니 大兄!
참 잘 오셨습니다

나는 당신의 팬입니다

당신이 있기에, 나는 삶이 자유롭고 윤택합니다
당신이 있기에, 나는 스스로 주인임을 확신하게 됩니다
당신이 있기에, 나는 어느 누구의 노예 되기도 거절합니다
당신이 있기에, 나는 마음이 너른 공간으로 달려 나갑니다
당신이 있기에, 나는 혼자라도 외롭지 않습니다
당신이 있기에, 나는 어떤 것도 두렵지 않습니다
당신이 있기에, 나는 많은 것이 필요치 않습니다
당신이 있기에, 나는 어떤 미물 위에도 군림하지 않습니다

당신이 있기에, 나는 우주를 다 얻은 부자가 된 느낌입니다.

2007. 5. 23

조각도(彫刻刀)

시퍼런 칼날
잘도 도려내고 돋아낸다
부처님 형상 어느덧 뚜렷해져

어디에 있을까?
마음 다듬는 조각도
어리석은 중생(衆生) 깨어나게 하리.

2007. 4. 2

발품팔이 컬렉션 취미

컬렉션
자연스러운 욕구 충족 현상인
물자 빈곤속에 성장한 고픈세대의

비켜 가지 못한 나
닥치는 대로 모으고 모았지
성냥 잔받침 기념품 우표 양주 고서화……

한 가지에 몰두
여기저기서 불러 모은 호랑이로
뒤늦게 시작해 빨리빨리 싼값에 1,500여 점

소박한 꿈
보기 좋은 전시관 짓는
오는 이 잠시 들러 눈요기 하는 쉼터의

화려한 돈의 컬렉션 아닌
발품팔이 컬렉션의 땀내도 좋지 않으랴.

2007. 8. 13

새벽 마지미*의 알찬 삶

구시렁구시렁
추운 밤 지루하다고
여기저기서 새어 나오는 신음 소리

신문 돌리는 거친 숨소리에도
낙엽 쓰는 빗질소리에도
자비로운 새벽 그냥 지나치지 못해

꼬르륵꼬르륵 창자소리에도
산사의 목탁소리에도
어둠의 껍질을 벗어 던진다

쿨 쿨 쿨 쿨
코고는 소리는 안 들리는지
수만 번 듣고도 스쳐 지나가는 새벽

동쪽으로 동쪽으로
오늘도 어둠을 뚫으며 달린다
앉아서 맞기에는 너무 송구스러워

수명을 늘려 주는 새벽 마지미여 !

* 마지미 : 마중의 사투리.
* '인연' 중 리메이크

2007. 1. 12

어려운 점심(點心)

홀로 생활
이리 기웃 저리 기웃 눈치 보며
마음에 점 하나 찍으면 된다는 점심 어려워

묻기도 한다
한가할 때 들어가 혼자 와도 되는지
뻔한 답을 기다리며, 한시 반쯤 오라는,

찜찜한 기분
돈 내고 얻어먹는 듯한
남에게 폐 안 끼친다는 자부심마저 구겨가며

맞는 음식
알맞은 시간대 찾아 발로 뛴 10여 년
헛되지 않아 얻어진 노하우로 겨우겨우

굴리는 머리
열두시 지나 사무실 나가려면
뱃속 요구메뉴 뒤로하고 음식점 먼저 떠올리며

기분 좋은

점심 한 끼도 만만찮은데
마음에 점찍을 만한 도반(道伴) 찾아내는 아름다운 중생.

2007. 4. 23

헐레벌떡 달려온 세월

헐레벌떡 달리고 달린 세월
사랑하는 동반자 오장육부여
너무너무 미안하구나

꾀피울 줄 모르는 그대들
배려할 염도 냄 없이
내 의지대로만 달리고 달린 무모함

간이여 심장이여 허파여……
너희들이 신음 소리 삼킨다 해도
세세연년 세배드려 그대들 안부 물으련다

어차피 우리는 함께 뛰어야 하는 운명
지친 자 약한 자 있으면
배낭도 메어주고 부축도 해 주어야지

아무리 빨리 멀리 달리고 싶다 해도
가장 느린 자에 맞춰야 가장 빨리 간다는 이치
너무 늦게 깨우친 나 용서해 주렴.

* '인연' 중 재조명

2006. 5. 26

콩국수로 거뜬한 여름

언제 보아도 뽀야안 피부
보드라운 살결에 날씬한 키
뜨거운 여름날 차가운 체온으로
타는 속을 시원하게 식혀 주는 그대

꾸밀 줄 모르는 타고난 질박함
모자라지도 넘치지도 않는 구수한 맛
줄 줄만 알고 바라지 않으니
누군들 그대 좋아하지 않겠는가

만나면 만날수록 즐겁고
헤어지면 다시 만나고 싶음은
그대 겉과 속내가 다르지 않아
뒷맛이 개운함이리니

이기심으로 똘똘 뭉쳐진 우리 인간
그대 닮은 좋은 친구 찾을 줄만 알고
자기 자신은 되려 하지 않으니
무슨 염치로 만나길 바라겠는가.

* '인연' 중 재조명

2006. 6. 10

나의 주치의 체중 선생

체중 선생 그대 있어
책 읽기 좋아하고 조각하는 나
날이면 날마다 끌어내어
하루는 종묘 돌아 창경궁
하루는 인사동 훑으며 삼청공원
하루는 황학동 뒤지며 청계천
봄 여름 가을 겨울
동서고금 두루두루 만나는 즐거움

고희 언덕에 다다른 나에게
더 크고 좋은 선물 있으니
혈압 혈당 콜레스테롤
문지방 넘어설 염도 못 내고
장단지 노루 뒷다리 닮아
가파른 언덕 오르는 젊은이 정력

하루 2만 보 그대 바람 알지 못해
애꿎은 배를 줄이며 불평불만도 했지
이제 그대는 나의 주치의
아침저녁 내리는 진단 따라
조금만 조절하면 된다네

남달리 높은 효율 찌는 살 지겨워
부리던 짜증과 미움 기쁨과 사랑 되어
원망을 은혜로 일깨워 준 체중 선생
나 그대의 영원한 팬으로 남으리.

＊'인연' 중 재조명

2006. 3. 9

아침저녁 찾아주는 머위선비

언제 보아도 심장 닮은 녹색 도포 한 장
몸에 걸친 청빈한 머위선비
부모 물려 준 몸 깎고 잘라
뜯어고치는 이 세상
무슨 절개 그리도 굳어 흔들릴 줄 모르는가?

천년을 하루같이 쓴맛 나는 소리로
목숨 걸고 바른말 하는 머위선비
달콤한 말만 골라 하는
아첨배 들끓는 이 세상
누가 알아준다고 고달픈 삶 이어 가는가?

맑은 공기 깨끗한 물만 마시고
깊은 계곡 떠나 살 줄 모르는 머위선비
선비에 목말라하는 이 세상
그대 아침저녁으로 나를 찾아와
흐트러지려는 내 영혼 맑혀 주는구나.

* '인연' 중 재조명

2006. 6. 21

가꿔온 세배(歲拜)나무

내 정원의 주인 세배나무 일곱 그루
꽃 피우고 열매 맺고 그늘과 땔감 주는
환갑이 다 된 아름드리 큰 나무

정초 물 한 번 주면 잘 자라
신뢰의 열매 행복의 열매 기쁨의 열매
돈 주고도 살 수 없는 귀중한 열매 맺어

어릴 적 시뻘건 살 드러낸 황량한 내 정원에
묘목이 생기면 한 해도 거르지 않고 심고 가꿔
한때 빼곡히 들어차 무성했던 나무들

세월의 무게 견디지 못해 하나 둘 사라지고 남은 보배
나는 가꾸련다 이 생명 다 하도록
세배나무야 세배나무야 부디부디 오래오래 살아주렴.

* '인연' 중 재조명

2007. 1. 3

백전노장답게 의연히

누가 뭐래도 그대는 훌륭한 마라토너
강을 이루어 흘러가는 낙오자의 눈물눈물

누가 뭐래도 그대는 불굴의 백전노장
산처럼 쌓여진 날마다 무찌른 고난의 시체 더미

누가 뭐래도 그대는 자유로운 새
무쇠가 되어버린 짐 끌던 목덜미의 멍에 자국

누가 뭐래도 그대는 삶의 도인(道人)
깃털같이 가벼워진 버림의 깨달음 얻은 바닷마음

젊은이들이 그대를 얕잡아 본다 해도 기죽거나 욕하지 마라
그대 역시 그맘때엔 별반 다르지 않았으리니.

* '인연' 중 재조명

2005. 6. 16

고희(古稀)

울창한 흑갈색 노인의 숲
너르디너른 종묘공원엘 가면
고희는 말도 못 붙이는 젊은 나이지만

소복 여인네 많기로 이름난
시골고향 우리 집안에선
고조(高祖) 이래 없던 수명이지

덤이라 여겼던
50넘어 살아온 삶은
그게 바로 이승의 불국토였으리

70이 되고 보니
마음은 훨훨 하늘을 날지만
몸은 점차 땅을 향해 가라앉는 느낌이라

도(道) 이루지 못할까 봐
이리저리 뒤척이며 잠 못 이루는 밤
저 멀리 들려오는 소쩍새 우는 소리.

2007. 2. 12

웃어야 할지

"신분증 좀"
힐끗 쳐다본 방학역 매표원 아가씨
조문 마치고 돌아오는 길, 6·25때 첫 지게 만들어 주신 족숙(族叔)
감색 싱글에 까만 넥타이 싱그러웠나?

물어 본다
"왜 젊어 보이나요?"
"네 젊어 보여서요"
뒤적뒤적 경로증을 꺼내 보여주며

처음 당하는 일
지하철을 그리 많이 이용하지만
젊게 보인 겐지, 변두리역 티를 내는 겐지
아찔한 생각, 신분증 없었으면

다 같은 지하철역
마음대로 집어가게 해놓은데 익숙해
까딱 잘못하다 덫에 걸린 맹수꼴 될 뻔
안 된다 된다 싱갱이하는 그림 떠올리며 웃어야 할지.

2007. 7. 13

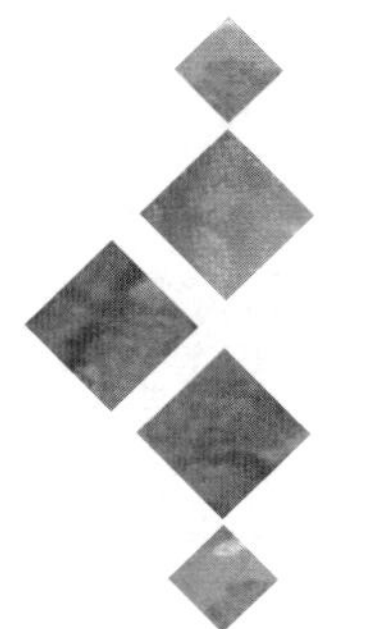

제6부

조상숭배

중리(中里)의 숨은 뜻

나의 아호(雅號)
가운데 중(中)
마을　리(里)

리(里)에서만 살아온 시골 사람
상왕십리 출생
노림리 성장
왕십리 고교
청량리 대학
수유리 제2, 3인생

마을(里) 가운데(中)서 도를 닦는 사람

중(中)용의 이(理)치를 실행하고 싶은 사람

중(僧)의 이(理)치를 깨우치고 싶은 사람

공자를 닮고 싶은 사람
공자님의 자(字) 중니(仲尼)와 비슷한 발음

뜻이 깊은 만큼
실천이 어렵고 어려운 호(號)여라!

2007. 9. 20

온몸으로 지켜 낸 집안종교

집안종교
어려워 어려워 지켜 내기
홍수에 무너지려는 둑만큼이나

이단자
단 한 명도 없어
정성껏 조상제사 모시는데

설법 또 설법
자식 아주 어릴 때부터
숭고한 사명을 띤 성직자 되어

큰 보람
어려웠던 만큼

집안 되어
조상이 가장 편안한
종교 갈등이 없는
노예 아닌 주인의식을 누리는
우물 속에 빠지지 않아 넓은 시야로 살아가는
오직 하나의 편견에서 벗어나 세계평화에 기여할 수 있는

꼭 지켜내리
손자 증손자 고손자 ……………… 도

집안종교.

2007. 9. 22

숭조(崇祖)빌딩

숭조빌딩
변두리 아담한 5층 건물
대대로 제사모실 재원 장소 제공할

합유(合有)등기
자손 만장일치만이 의결 가능한
못된 자손 몇몇에 숭조사업 훼손되지 않도록

기막힌 세상
조상흔적 지워 버리려는
사당은 옛말 산소마저 귀찮다고

어찌 소홀히 하리
편안한 집에 살면서 조상의 집을

어찌 굶주리게 하리
배불리 잘 먹고 살면서 제삿날에

지키련다
기틀 마련하여 내 힘으로
산소도 제사도 당신이 생전에 하시던 대로

찾는다, 행복을
조상의 안락 속에서.

2007. 10. 1

신을 가장 편히 모시는 제사

자정 넘어
향로 속 숯불이 향나무 태워 올리면
연기 자욱한 온 집안은
신과 사람이 만나는 성스러운 공간

아버지 어머니
손 맞잡고 열어 놓은 대문 현관 지나
까만 교의에 앉으시면
많이많이 드시라 권하는 유세차 …… 구성진 소리

방 안 가득
옥색 제사복 차려입은 자손들
공손히 절 올리는 모습 바라보시며
흐뭇한 표정 지어 답례하시느라 입가에 잔잔한 미소

정갈한 음식과 술 석 잔
너무너무 약소하오나
두 돌 지난 증손자가 고사리 손으로 올린 잔 흡족하셨기에
오늘따라 하늘 높이 불타오르는 축문 지방이 너울너울 춤춘다.

* '인연' 중 재조명

2006. 4. 20

음 3월이 지나야

토(吐)한 붉은 선혈 가슴 가득 안은 채
철쭉 좋아 산으로 들어가신 아버지

어린 자식 발목 잡혀 견딘 30년
진달래 꽃길 따라 서둘러 떠나신 어머니

음3월은 산속 어버이의 달
조마조마 부정(不淨) 탈까 마음 졸이는

피치 못할 조문(弔問)은 있지 않을라나
집안 우환은 있지 않을라나
혼사(婚事)는 겹치지 않을라나

한 번의 궐사(闕祀)도 아직 없어
죄지을 새 좁아 저승 복(福)은 많이 받으셨나 봐

열두시 넘어 소리 낮춰 읽은 축문
6 · 25동란의 피난길에서도
이집 저집 기나긴 셋방살이에서도

안도의 숨 내쉰다
진달래 철쭉 축제 지나서야
올해도 따뜻한 진지 해 드렸다는 뿌듯함에 젖어.

2007. 4. 30

성묘하며 줍는 알밤

작고 동그란 게 유난히도 반짝반짝
유리구슬 닮은 평양 좀생이 도톨밤
더할 나위 없이 고소하고 달다
자손의 성묘 길 끊김 저어함이련가
혈육 한 점 없이 부임길 요절한 증조부
해마다 맛난 추석 선물 준비하니
알밤 줍는 마음 애잔하여라

고프던 소싯(少時)적 이리 뛰고 저리 뛰고
한 알이라도 놓칠세라 샅샅이 뒤지고 뒤져
한 알은 내 몫
한 알은 어머니 몫
한 알은 누나 몫
한 알 더 내 몫 하고픈 마음 꾹꾹 참는다
나무 꼭대기에 매달린 녀석 야속한 눈길로 바라보며

어린 손자 손잡고 달려온 성묘 길
여기 저기 널브러진 알밤을 줍는다
한 알은 손자 몫
한 알은 다람쥐 몫
한 알은 어미나무 몫

아차 잊을 뻔 했네
지하에 계신 증조부 몫도 남겨 놓아야지.

* '인연' 중 리메이크

2006. 10. 9

추석 성묘 길의 모습

추석 차례 초대에 응하시느라
꼭두새벽 먼 길 달려오신 조상님
어찌 답방을 미룰 수 있으리오
차례 상 물리면 성묘 길 시작되네

막대기 하나 들고 풀 섶 가시덤불 헤치며 15년
잘 익은 빨간 보리수 열매 따 먹고
쩍쩍 벌어져 떨어진 알밤 주우며
쑥쑥 자라나는 몸 자랑스럽게 던져 절하는 성묘 길

기차 버스 갈아타며 왕복 칠백 리 길 20년
차창 밖 유리알 햇볕에 빤짝이는 노오란 은행 잎
하늘하늘 손짓하며 반기는 코스모스 스쳐보며
당당히 살아가는 모습 자랑스럽게 던져 절하는 성묘 길

승용차 운전대 잡고 오는 졸음 뿌리치며 30년
한 해 두 해 세월이 더 할수록 늘어나는 자식 손주
오순도순 이런 얘기 저런 얘기 꽃피우며
늘어난 자식 손주 모습 자랑스럽게 던져 절하는 성묘 길

아무리 추석날 성묘 길이 막힌다 해도 떠나보면 길은 뚫려
차례에는 조상이 손님 되고 성묘에는 자손이 손님이라

조상과 자손이 주고받으며 즐기는 하루
올해도 설레이는 가슴안고 성묘 길 떠나리라.

* '인연' 중 재조명

2006. 10. 2

아름다워라 십신조

십신조(十神組)
아름다운 조각품
산 위에 펼쳐놓은 하늘마을

아들 손자 증손 고손
옆에 옆에 훌륭한 집 한 채씩
오순도순 사이좋게 정담 나누며

잊혀진 산소
종손 퇴락하여, 서평할아버지 둘째 집
지손 중의 지손(支孫) 뜻 세워 발 벗고 찾아 나선

벼슬길 명당 골라
이 고을 저 고을 이산 저산에 묻힌
족보 기록 보며 헤매인 15년의 세월 헛되지 않아

입구엔 신도비(神道碑)
다섯 봉분마다 월두석
크고 큰 상석에 망두석 문관석 일품이라

즐거운 웃음소리
한자리에 모인 자손들 시향제 올릴 때면
지상 따라 땅속에도 널리널리 울려 퍼진다.

2007. 7. 23

설 차례상

새해 첫 손님 맞이한다
동쪽 대추 빨간 소리로
서쪽 밤 흰 목소리 내어

다채로움 뽐내는 한마당
배 사과 곶감 잣 호두 은행
색상 맞춰 제자리 차고 앉아

놓칠세라 한몫 끼어드는
삼색 나물 삼색 다식
색동 무늬 옥춘당

뒤질세라 제색 내기에 바쁜
비:–아이–피: 석의 삼적(三炙)
소 닭 숭어 녀석

저곳 형편도 여유로운 듯
모락모락 떡국 향 잠시 잊으신 채
싱그러운 색상 다툼에 흐뭇한 미소.

2007. 2. 18

시월 시향제(時享祭)의 깊은 뜻

햇곡식 햇과일 풍성한 시월상달
어찌, 조상 몰라라 자손 홀로 목에 넘기리

천 년 된 조상도 몇백 년 된 조상도
삼백육십오 일 오늘 만을 손꼽아 기다리는데

산소 잘 보존되고 제사 모실 자손 있으니
이보다 더 경사스러운 일 어디 있으랴

십 촌 이십 촌 할애비 손자 한데 어울리니
흐뭇해 하시는 조상님 표정 눈에 선해

옥색 도포, 유건 쓴 끌밋끌밋한 자손들 늘어서
홀기 따라 정성껏 지내면 향기 그윽해지는 산소

이산 저산 이 집안 저 집안
너도나도 다투어 시향제를 지낸다

이때나 오려나 저때나 오려나 긴 목 빼고 기다리다
풀 죽어 다시 들어가는 가여운 조상 없는 세상 왔으면.

＊ '인연' 중 재조명

2006. 12. 2

졸지에 저승사자

부음(訃音)
96세에 돌아가신 금호동 할아버지

바로 저분이었어
오늘 새벽 1시쯤 저승사자 인솔한
성당 다니는 외손부 또렷또렷이 설명한다

자정 지나
할아버지 뵙고 방에 들어가 잠시 졸다 꾼 꿈
벨소리에 현관문 여니
저분이 검은옷 입은 두 사람 데리고 와 잠깐 뵙겠다고

돌아간 후 화들짝 놀라
허둥지둥 가 보니 이미 숨을 거둔 뒤

며칠 전 세배차 방문
대소변 냄새 진동하는 걸 보며
"이제 그만 가셔야겠구먼" 뱉은 말
현실로 나타난 것도 죄스러운데
졸지에 저승사자 인솔까지 한 셈이라

이승과 저승 칸막이나 있기나 한 건지
자유로이 넘나드는 영혼이어라.

2007. 5. 12

어둠의 아들

아버지는 차가운 땅속에서 내 걸음마를 지켜보아야 했다
어머니는 어린자식 땜시 따라가지 못함을 늘 한숨지었다
나를 끔찍이도 사랑하던 외할아버지가 세 살 때 떠나고 나서
몇 해가 멀다 하고 가까운 피붙이들이 어둠속으로 사라져 갔다
언제부턴가 산 사람보다 간 사람에게 더 친근감을 느끼면서
제사는 확고한 신앙으로 마음속에 자리하였다

배움을 뒤로한 채 굶주린 배를 움켜잡고 나무지게를 지던 시절
칠흑 같은 밤에 험준한 고개를 넘을 때면 차라리 눈을 감고
마음속 길을 따라 걸어야만 했다
다가오는 수차례 죽음의 문턱에서도 좌절이나 절망이란 단어는
오히려 사치일 만큼 어둠은 이미 나의 친구였다

태양의 자식들이 어쩌다 한발만 어둠 통에 빠지는 날이면
큰일이라도 난 듯 호들갑떨며 스스로 헤어나지 못함을 보면서
그들을 부러워하거나 시기질투하지 않을 수 있었다

어둠이 좋아 어둠이 편안해 몸을 깊숙이 감춘 채
어느 때는 팔뚝 하나 어느 때는 발 한 짝 내보이며 살다 보니
누구는 나를 팔뚝 같다 하고 누구는 나를 발 같다 한다

이제 컴컴한 동굴을 벗어나도 좋으련만 썩 마음이 내키지 않아

오늘은 입만 내밀어 보고 내일은 귀만 내밀어야지 하며 산다
아무래도 나는 밤하늘에 반짝이는 저 별을 너무 사랑하나 봐

어둠속 빛나는 별!

2008. 1. 10

혼령(魂靈)과의 교감

깨어 보니 새벽 3시

멋진 코트 걸친 재종형수 뽐내는 꿈
몇 해 동안 나타난 누더기 옷 벗어던진 채
질척질척한 돼지우리 즐비한 누추한 마을 속

이장한 날 밤, 산 마련해
퉁퉁 불은 관 속 헤엄치던 끔찍한 형상
끈질기게 꿈속 나타난 절박한 심정 눈물나

살아생전 그리도 믿더니
저승 어려움 풀어 달라 매달린 정성

장담하지 마라
무엇은 있고 무엇은 없다고

아는 것보다 모르는 게 더 많은 삼천대천세계.

2007. 5. 10

제7부

서 원

생명보다 귀중한 서원(誓願)

한 개의 초점이 뚜렷해지더니
눈부시게 광채를 발한다
마치 새로 태어나는 신성(新星)처럼

기를 모은다
가진 것을 몽땅 털어 넣는다
몸과 혼까지도 활활 불타는 초점 속으로

어미 닭은 목숨 걸고
솔개에 덤벼들어 제 새끼 구하는데
자식 버리는 어버이는 뉴스거리도 안 되는 세상

이대로는 안 된다
씨를 뿌리고 싹을 틔워
버림받는 아이가 없는 세상을 꼭 만들어야지

말 안 들으면 도망간다
책가방 내팽개치고 울며불며 큰 소리로 어머니 찾던 공포
꿈속에 나타난 어머니 피식 웃으시며 내 일조(一助)하였구먼.

* '인연' 중 재조명

2006. 9. 4

서원의 길

씨
뿌림
묘판위
새싹가꿈
묘목옮겨심음
나무키워열매맺음
과실의우수함드러남
나라안곳곳에널리퍼짐
지구촌나라마다주문몰려옴
인류의진정한평화행복이루어짐

묘판 마련해야
귀중한 씨앗 뿌릴
재단법인 가족문화재단 만들어

열매 먹어 봐야
프로부모제도의 도입으로 얻어진
우수인재 육성으로 3등 인간 없는 세상의

구호가 아닌 실행
이론만이 아닌 현장실습
신에 의존이 아닌 인간의 존엄성으로

인류의 참다운 길
하루 빨리 열리기를 간절히 바라는.

2007. 8. 16

■ '서원의 길' 읽고

난 못 쓰겠네요

동아꿈나무재단 이사장 최 준 철

'산(山) 산 …… 산 ……'

옛날 한 선비가 산에 올라가 풍경을 읊으려다 그 장엄함을 도저히 글로 옮길 길 없어 겨우 이 세 마디 외치고는 울면서 내려 왔다고 합니다.

나는 중리(中里) 선생의 이 자전시(自傳詩)를 애벌읽기 하는 도중에 대뜸 이 옛 선비의 일이 떠올랐습니다.

자그마치 7부에 걸쳐 92수나 되는 이 자전시는 도도히 흘러가는 강물을 보는 것 같고 겹겹이 늘어서 있는 산줄기를 보는 듯해서 나도 '시(詩)…… 시…… 시……' 라는 말밖에는 할 수 없는 것 같아 저절로 옛 선비의 일이 생각난 것입니다.

누가 했던가요. 불립문자(不立文字)라는 말을 ……. 도저히 말로서는 전할 수 없는 경우 이 말을 썼다고 하는데, 바로 나도 이처럼 느낌을 쓸 재주가 없네요. 어떡하죠.

중리 선생은 몇 해 전에 뜻하는 바 있어 자신의 자녀교육에 대한 신념을 세상에 알리고 싶다고 하시더니 〈자녀교육 해법 124장 605쪽〉을 펴내 '와아' 하고 세상을 다 놀라게 하셨는데, 그 뒤

5~6년 사이에 잇달아 〈뿌리교육 해법 124장 550쪽〉, 〈이야기 인성교육 620마당 1,018쪽〉, 〈전문 부모의 길 74장 411쪽〉 등 모두 2,584쪽에 이르는 방대한 지식을 쏟아 내 그 석학(碩學)에 벌린 입을 다물지 못했던 것은 나뿐이 아니었습니다.

그런데 이번엔 이 세상의 자서문학(自敍文學)을 통틀어 처음 시도된 '시로 엮은 자서전'을 펴내시니 도대체 이 분의 '글지이'의 한계는 어디까지인가 할 따름이지 더 무슨 이야기를 할 수 있겠어요. 난 못 쓰겠어요.

나는 시에 대해 아는 게 없어 도대체 무엇을 시라고 하였을까 그 어원을 알아보았습니다.

시(詩)라는 말은 원래 절의 말[寺 + 言]을 뜻하고, 절[寺]은 부처님의 뜻을 전하는 곳인 바, 따라서 시는 뜻[志]의 말[言]이라는 데서 비롯되었다고 합니다.

공자님도 시는 뜻[志]이 가는 곳이다. 마음(心)에 있음을 지[志]로 이루고 말로 나타냄을 시라고 한다(詩者, 志之所之也. 在心爲志發言爲詩)고 하셨습니다. 그러니까 뜻(생각, 느낌, 혼)을 말로 나타내는 것이 시라고 하신 것 같은데, 뜻(詩心)이 생기고 말(詩語)을 할 줄 알아야 시가 쓰여지죠. 아무나 시인이 되는 게 아니죠. 그런데 중리 선생은 작년 초 2월에 제 1시집 〈인연〉의 62수에 향기 짙은 시어(詩語)로 뜻[志]을 담으시더니, 이내 제2시집 〈인왕산〉 98수를 그것도 8개월 만에. 나는 선생의 시재(詩才)에 놀라 태풍만난 나뭇잎처럼 몸 가누기도 힘들어 허우적거리던 참에 거대한 눈사태 같은 이 자전시가 내리덮치니 그 누군들 말을 벙긋할 수 있겠습니까. 난 도저히 못 쓰겠습니다.

나는 몇 가지 궁금증을 풀지 못 하고 있습니다.

중리 선생이 '호랑이 두 집안'에서 태어나 아버지는 '내 걸음마'를 '차가운 땅속'에서 보시고, 어머니는 '어린 자식 땜시 따라가지 못함을 한숨짓기'가 일쑤였기 때문에 '설 차례상' 차려 놓고 '새해 첫 손님 맞이'하며 '숭조(崇祖)빌딩' 마련하고 '집안종교' 개척할 마음이 생긴 것일까요. 또한 '논나생이 국에 밥풀 띄워 목숨을 맡기'면서 '키니네 한 알 없어' '외로이 목숨 거는' 일을 겪으며 '이가 별로 할 일 없는' '미끈둥미끈둥 보리쌀 섞인 반지기 밥' 먹고 '문제집 한 권' 뿐으로 왕복 40리 통학한 '소년 농부'가 어떻게 서울의 고교 진학 꿈을 갖게 되었을까요. 도저히 모를 일입니다

또한 '사우나는커녕 목욕탕도 안가'게 만든 지난 35년의 세월, '사형언도를 받는 순간' 같았던 병마를 겪으면서도 '호기인지 치기인지 광기인지' 자신을 공장기계처럼 굴리면서 '공부도 일도 남에게 지기 싫은' 승벽(勝癖)으로 '기술사 명성'을 얻게 된 기술인 경영인의 머리에 언제 자녀교육 부모교육 사회교육 갈파한 지식이 축적되었으며 가슴에는 언제 시정(詩情)이 심어졌단 말입니까. 그러니 무어라 쓸 수 있겠습니까.

나는 '서원의 길'이란 이 책의 제목만 보고도 몸이 굳어지는 것을 느꼈습니다.

서원(誓願), 이 말은 아무나 쓸 수 있는 말이 아니라고 알고 있습니다. 흔히 소원(所願), 염원(念願)이 있으면 성취되기를 바라기는 하지만, 꼭 성취하겠다고 '맹세'한다는 이 말에는 천금보다 무거

운 의지와 불보다 뜨거운 정열이 깃들어 있어 쉽사리 아무나 꺼낼 수 없는 말이라 생각되는데, 선생은 이 말을 내세우고 있으니, 나는 백번 다시 태어나도 그 느낌을 쓸 수 없을 것 같습니다.

가만히 생각해 보면 나는 그 동안 어떻게 살아왔느냐고 물어도 답이 궁하고, 그럼 앞으로는? 해도 답이 막힙니다.

그런 사람이 어찌 숭조정신과 가족문화 보시(布施)를 '서원' 하는 제3의 인생의 길에 몸과 혼을 던진 그 자아실현 의욕을 무슨 말을 한들 다 써지겠습니까. 그저 그 해탈상(解脫像) 앞에서 숙연해질 따름이지요.

나는 지금 이런 환상(幻像)이 떠오릅니다.

—코끼리가 지나간 발자국에 개미 한 마리가 들어가 더듬고 있습니다. 개미는 땅 위에 움푹 파여진 그 자국이 코끼리 발자국인 줄 모르고 그냥 더듬거리기만 하고 있습니다. 그 코끼리는 공자님이 이끌고 등에는 부처님이 타고 가는 코끼리인 줄은 더더욱 모르고 있습니다.—

나는 이 환상이 꺼지자 '산 산…….' 한 옛 선비의 모습이 거듭거듭 떠오르는 것을 막을 길이 없습니다.

2008년 설날

저자와의
협약으로
인지생략

中里 韓斗鉉 全集 1
한두현 詩전집

초판 인쇄 2016 년 5 월 25 일
초판 발행 2016 년 5 월 30 일

지은이 | 한두현
펴낸이 | 김효열
편 집 | 이미정
마케팅 | 김효숙 · 김영미 · 박미옥

펴낸곳 | **을지출판공사**

등록번호 | 1985 년 2 월 14 일 제 2-741 호
주 소 | 서울시 구로구 가마산로27길 24, 319호
우편번호 | 08298
전 화 | 02) 334-4050
팩 스 | 02) 334-4010
이 메 일 | ejp4050@hanmail.net

값 35,000원

ISBN 978-89-7566-164-8
ISBN 978-89-7566-163-1(세트)

* 잘못 만들어진 책은 교환해 드립니다.